अपने परिवार को खुश कैसे रखें

लेखक की पुस्तकें

सफल मैनेजर कैसे बनें
प्रमोद बत्रा

सफलता के 501 गुरुमंत्र
प्रमोद बत्रा

सही सोच और सफलता
प्रमोद बत्रा

अपने परिवार को खुश कैसे रखें
प्रमोद बत्रा विजय बत्रा दिव्य अरोरा

अपने परिवार को खुश कैसे रखें

प्रमोद बत्रा . विजय बत्रा . दिव्या अरोड़ा

प्रभात
पेपरबैक्स
www.prabhatbooks.com

प्रकाशक

प्रभात पेपरबैक्स

4/19 आसफ अली रोड, नई दिल्ली–110002

फोन : 23289555 • 23289666 • 23289777 ❖ फैक्स : 23253233

इ–मेल : prabhatbooks@gmail.com ❖ वेब ठिकाना : www.prabhatbooks.com

संस्करण

2022

मूल्य

पाँच सौ रुपए

मुद्रक

नरुला प्रिंटर्स, दिल्ली

★

APANE PARIVAR KO KHUSH KAISE RAKHEN

by Promod Batra • Vijay Batra • Divya Arora

Published by **PRABHAT PAPERBACKS**

4/19 Asaf Ali Road, New Delhi-110002

ISBN 978-81-7315-693-9

₹500.00

रामायण, महाभारत
और
श्रवण कुमार की
कहानी को

***आपको सरल कार्य
करने के लिए भी
बहुत चालाक होने
की आवश्यकता है!***

अनुक्रम

प्रस्तावना 13

भाग-1 **21**

अपने पति 21

1. पतियों का वर्गीकरण 25
2. अपने पति में विश्वास रखें 27
3. पति का रोमांटिक होना अच्छी बात 31
4. विवाह के विषय में एक साधारण सच 33
5. आप पति को 'भीगी बिल्ली' या 'शेर सिंह' बना सकती हैं 35
6. जब आपके पति आपको फूल दें 37
7. जब आपके पति वापस घर आते हैं 39
8. स्वयं को प्रलोभनों से अलग रखें 41
9. पति पर न चिल्लाएँ 45
10. रविवार पति के लिए आरक्षित करें 47
11. आपके पति आलसी हैं तो इसका भी आनंद उठाएँ 49
12. यदि आपके पति समस्या पैदा करनेवाले हैं 51
13. मूर्ख पत्नी न बनें 53
14. ईमानदार व्यक्ति को पत्नी ने बेईमान बनाया 57
15. एक-दूजे के लिए…क्या यह संभव है? 61

16. अपने दोस्तों का आकलन करें 63
17. यदि आपके पति चिंताग्रस्त प्रकृति के हैं 65
18. यदि आपके पति खाने के शौकीन हैं 67
19. यदि आपके पति चिमनी की तरह धुआँ उगलते हैं 69
20. यदि आपके पति पीने के शौकीन हैं 71
21. अपने ससुरजी का आदर करें 75
22. बच्चों को अनुशासित करने में अपने पति की मदद करें 77
23. अपने पति के साथ महाराजा जैसा व्यवहार करें 79
24. अपने परिवार को स्वस्थ रखें 81
25. आपके पति को क्या खाना पसंद है, यह जानने का बेहतर तरीका 83
26. अपने पति को एक अच्छा कुत्ता लाकर दें 85
27. अपने पति से दूर न रहें 87

भाग-2 **89**

आपकी पत्नी 89

1. उसके साथ सहमत रहें 95
2. पहले वही करें, जो वह कहती है 97
3. अपनी गलतियों को प्रेम से कबूल कीजिए 99
4. मुसकराहट 101
5. निर्णय जल्दी लें और इसे जल्दी लागू भी करें 103
6. पिग्मेलियन के तरीके पर चलें 105
7. एक परिपूर्ण सेब 107
8. अपनी पत्नी के साथ 'होली की अवधारणा' का अनुसरण करें 109
9. उसे रजनी बनने के लिए प्रोत्साहित करें 111
10. जब पत्नी आप पर चिल्लाती है तो आराम से सुनते रहें 113
11. उसे कीमती उपहार नहीं, अपना समय दें 115
12. उससे धन्यवाद की आशा न करें 117

13. कभी-कभी 'नहीं' कहना सीखें 119

14. अंत में, मैं तुमसे प्यार करता हूँ 121

भाग-3

आपकी पुत्री 123

1. माँ और बेटी **123**

पहला कदम—ससुरालवालों की इज्जत करें 131

दूसरा कदम—कृपया मुसकराइए 133

तीसरा कदम—आत्मसम्मान 135

चौथा कदम—अच्छे उदाहरण प्रस्तुत करें 137

पाँचवाँ कदम—क्रोध पर नियंत्रण कीजिए 139

छठा कदम—हरी आँखवाले दैत्य का नाश कीजिए 141

सातवाँ कदम—कहानी सुनाना 143

आठवाँ कदम—झुँझलाना 145

नौवाँ कदम—उसे निर्णय लेना व लागू करना सिखाएँ 147

2. पिता और पुत्री **149**

पहला कदम—उसे सर्वोत्तम शिक्षा दें 151

दूसरा कदम—सफलता क्या है? 155

तीसरा कदम—उसके लिए 'शॉक एब्जार्बर' बनिए 159

चौथा कदम—बेटी की भलाई के लिए पत्नी का आदर करें 161

पाँचवाँ कदम—उपदेशक न बनकर कर्मयोगी बनें 163

3. शबरी के बेर **165**

भाग-4 **187**

आपका पुत्र 187

1. अपने पुत्र के जूतों में चौदह कदम चलिए **191**

पहला कदम—उसके मित्र बनिए 195

दूसरा कदम—उसे जीवन के अनुभवों को प्राप्त करने दीजिए 197

तीसरा कदम—उसे बाहर भेजिए 199

चौथा कदम—उसे 'नायक' बनाएँ 201
पाँचवाँ कदम—अच्छी पुस्तकें पढ़ने के लिए उत्साहित करें 203
छठा कदम—अच्छे मित्र बनाएँ 205
सातवाँ कदम—उसकी गलतियों को क्षमा कर दें 207
आठवाँ कदम—उसके लिए समय निकालें 209
नौवाँ कदम—दूसरों के सामने उसकी आलोचना न करें 211
दसवाँ कदम—उसे जिम्मेदार होने के लिए शिक्षित करें 213
ग्यारहवाँ कदम—उसे हार को अपनाने व जीत की खुशी मनाने के लिए शिक्षित करें 217
बारहवाँ कदम—उसे अधिक संरक्षण न दें 219
तेरहवाँ कदम—उसकी तुलना न करें 221
चौदहवाँ कदम—उसके जूतों में स्वयं को रखिए 223

2. पिताओं की ओर से पुत्रों को पत्र 227
मेरे पुत्र को सिखाओ… 231
पिता भूल जाता है 235
मुझे एक ऐसा बेटा बनाकर दो 241
'गाइड पोस्ट्स' (संकेत स्तंभ) 243

3. विवाह में प्रसन्नता 251

भगवान् गणेशजी से प्रेरणा

भगवान् गणेशजी का बड़ा सिर हमें और फायदेमंद बातें सोचने के लिए प्रेरित करता है; उनके बड़े कान हमें विचारों और सुझावों को धैर्यपूर्वक सुनने की सीख देते हैं; उनकी छोटी आँखें हाथ में लिये कार्यों को उचित ढंग से और जल्दी पूरा करने की ओर इशारा करती हैं; उनकी लंबी नाक हमें अपने चारों ओर की घटनाओं की जानकारी और ज्यादा सीखने के लिए प्रेरित करती है और उनका छोटा मुँह हमें कम बोलने और ज्यादा सुनने की याद दिलाता है।

हमें पुस्तकों का उपयोग इस तरह से करना चाहिए, जैसे एक पक्षी फूल के साथ करता है। वह उसमें से रस निकाल लेता है किंतु उसे नुकसान नहीं पहुँचाता।

प्रस्तावना

एक परिवार अपने सदस्यों से कहीं अधिक महत्त्वपूर्ण होता है। पति, पत्नी, पुत्री, पुत्र, दादा-दादी, चाचा-चाची और नाती-पोते इन सबकी एक परिवार में अपनी-अपनी अद्वितीय जरूरतें, उत्तरदायित्व, विचार और कार्य होते हैं। सभी के अपने-अपने सद्‌गुण व कमजोरियाँ, व्यक्तिगत लक्षण और व्यक्तित्व होते हैं। इन सब में परस्पर संवाद द्वारा एक-दूसरे से मतभेद, सिरदर्द, संघर्ष भी हो सकता है या फिर खुशी प्राप्ति, और प्रत्येक सदस्य के प्रति कुछ अच्छा करने की सद्‌भावना भी आ सकती है।

हम भारतीयों में एक-दूसरे के प्रति आदर की भावना हमेशा से ही पोषित होती आई है। हमारे महान् ग्रंथ, हमारे संत, हमारी फिल्में और दूरदर्शन-धारावाहिक भी परिवार के आपसी संबंधों में सहनशीलता को बढ़ावा देते आए हैं। परंतु आज के दौर में हमारे पारस्परिक संबंधों में मनमुटाव आने का डर भी पैदा हो गया है, क्योंकि टी.वी. और वीडियो ने हमारे घरों में धावा बोल दिया है तथा हम सबको एक विश्वग्राम में सम्मिलित कर लिया है। हम चाहें **या** न चाहें, कुछ बदलाव तो अवश्यंभावी हैं। परंतु समय के साथ बदलते हुए हमें अपने विचारणीय मूल्यों को बरकरार रखने का प्रयत्न करना चाहिए।

आप शांति को खोजें, वह आपको
आस-पास ही मिल जाएगी।

जीवन बहुत ही हास्यास्पद होता है। जब भी आप किसी अच्छी कंपनी का टी.वी. खरीदते हैं तो उसके साथ एक अनुदेश पुस्तिका भी मिलती है; परंतु ऐसा तब नहीं होता जब आप पैदा हुए, आपको नौकरी मिली, आपका विवाह हुआ, आप माता-पिता बने या दादा-दादी। इसलिए हम सभी को बिना किसी अनुदेश पुस्तिका के संघर्ष करना पड़ता है।

अठारहवीं शताब्दी में जोसप एडीसन ने कहा था, ''जीवन में जरूरी है कि कुछ प्रयत्न किया जाए, कुछ प्यार किया जाए और कुछ आशा की जाए।'' आज भी गानेवाला एक का संगठन 'बीटल' हमें अपने गानों के द्वारा यही संदेश देता है कि 'आपको केवल प्यार की ही आवश्यकता है।' आप कभी भी एक सच्चा दोस्त, ईमानदार कर्मचारी, सच्चा प्यार और निष्कपट आदर दौलत से नहीं खरीद सकते। अच्छे साजो-सामान, गलीचे, झाड़-फानूसों से घरों को सजाया तो जा सकता है, किंतु घर परिवार के सभी सदस्यों के चेहरों पर मुसकराहट से बनता है। परिवार के सभी सदस्य एक गायक दल की तरह होते हैं। यह प्रत्येक सदस्य पर निर्भर करता है कि गायन मधुर होगा या केवल एक शोर।

शादी के बाद के कुछ वर्ष बहुत मधुर रहते हैं। परंतु कभी-कभी दुर्भाग्य से इस मधुरता में खटास आ जाती है और कई बार तो कड़वाहट भी पैदा हो जाती है। प्रत्येक भागीदार शादी की विफलता का कारण एक-दूसरे को बताता है। पति से भी गलतियाँ हो सकती हैं और पत्नी से भी। अगर ये दोनों एक-दूसरे को प्यार करते हैं तथा एक-दूसरे का आदर करते हैं तो वे इन गलतियों को नजरअंदाज करते हैं और इन्हें सुधारने का प्रयत्न करते हैं। वे दोनों जीवन के मार्ग पर साथ-साथ चलते हुए जीवन की शरद् ऋतु का आनंद उठाते हैं।

एक समय की बात है। एक राजा-रानी थे। वे बहुत ही सुखी थे। उन्हें

केवल एक ही कमी थी कि उनकी कोई औलाद नहीं थी। परियों की कहानी की तरह रानी के पास एक नेक औरत आई। उसने रानी को जौ की फलियाँ खाने को दीं और कहा कि नौ महीने के बाद उसके एक सुंदर बच्चा होगा, जो बहुत अच्छा राजकुमार या राजकुमारी होगी।

बच्चे हमेशा से ही संसार की बहुमूल्य रचना माने गए हैं, जो हमारे सुंदर भविष्य हैं। अपने बच्चों को एक अच्छा वयस्क बनाने में सहायता करना अभिभावकों का एक मुख्य कार्य है। कभी-कभी कुछ अभिभावक इस जरूरी कार्य को अपना कुछ ही समय दे पाते हैं और बच्चों के पालन-पोषण में आया इत्यादि की मदद लेते हैं। ऐसे अभिभावक अपने बच्चों को महँगी चीजें देते हैं, जैसे कंप्यूटर खेल, स्टीरियो, वीडियो और कभी-कभी महँगी कारें भी। परंतु वे यह नहीं जानते कि अभिभावक बच्चों को सिखाने के लिए होते हैं और इस दौरान उन्हें भी बच्चों से बहुत कुछ सीखने को मिलता है।

इस पुस्तक में सभी के लिए कुछ-न-कुछ है—बड़ों के लिए और बच्चों के लिए, नवविवाहितों के लिए व विवाहितों के लिए, पति व पत्नियों के लिए, पुत्र व पुत्रियों के लिए, ससुरालवालों के लिए, दादी-दादा व नाती-पोतों के लिए भी संदेश है। परिवार एक बहुत ही पेचीदा इकाई है और कोई भी संबंध ऐसा नहीं है, जिसमें आपस में कोई विवाद न हो। उदाहरण के लिए, अगर पति-पत्नी का आपस में कोई विवाद है तो हम यह नहीं कह सकते कि इसका असर बच्चों, ससुरालवालों या फिर दूसरे रिश्तेदारों पर नहीं पड़ता। इसलिए इस पुस्तक का कोई भी भाग परिवार के किसी भी सदस्य के लिए अप्रासंगिक नहीं है तथा पाठक चाहे परिवार में किसी भी स्थिति में हों, इस पुस्तक का पूरा लाभ उठाने के लिए इसके प्रत्येक भाग को पढ़ें, जिससे कि वे परिवार में अपनी स्थिति, जो कि इस मानव समाज की

अगर हम आनंददायक विचारों को सोचेंगे, तो हम खुश होंगे,
अगर हम दयनीय विचारों को सोचेंगे, तो हम दयनीय होंगे।
अगर हम कायरतापूर्ण विचारों को सोचेंगे, तो हम कायर बन जाएँगे।
खुशी फसल है, तनाव जंगली घास के समान है।

एक मौलिक इकाई है, को समझ सकें।

याद रखें, हमारा मस्तिष्क कई एकड़ भूमि की तरह है। इसमें चाहे तो हम खुशी बो सकते हैं या तनाव। इस पुस्तक में हमारी भावनाएँ, सामान्य ज्ञान और सिद्धांत इसके अंश हैं। हम यह आशा करते हैं कि आपको इसमें रुचिकर सामग्री अवश्य मिलेगी।

—लेखक त्रय

यदि आप अपने पति को बदलना चाहती हैं तो यह तभी संभव था, जब वे बच्चे थे।

भाग-1

अपने पति

अपने पति को महान् महसूस कराने के लिए बहुत कम काम करने की आवश्यकता है। इसमें आपका कुछ खर्च नहीं होता, केवल आपकी एक मुसकराहट, पलक झपकाने या चुंबन में से किसी एक से या इन सभी (यह जरूरी नहीं है कि यह सब काम इसी क्रम में किए जाएँ) से काम चल सकता है। कोशिश करके देखिए और यह सब आपको हर रोज भी नहीं करना पड़ेगा। हो सकता है कि हफ्ते में, एक महीने में, यहाँ तक कि एक वर्ष में एक बार ही करना पड़े। आपके पति मूलतः सीधे-सादे हैं, जो बाहर से कठोर और अंदर से बहुत मुलायम हैं—बिलकुल एक नारियल की तरह।

वास्तव में, एक पत्नी को यह समझना चाहिए कि उसकी अपनी खुशी के लिए उसके पास एक प्रसन्न पति भी होना चाहिए। सभी पति अलग-अलग तरह के होते हैं। मैं फिर से कहता हूँ—सभी पति एक जैसे नहीं होते। उनके अंदर एक बच्चा होता है, जो संतुष्ट होना और बिगड़ना

प्रसन्नता कभी भी संपूर्ण नहीं होती,
यदि यह बाँटी न जाए।

चाहता है। उसका बाहरी रूप ज्यादा 'वयस्क' होता है। एक बात निश्चित है, आप अपने पति को कभी बदल नहीं सकतीं। इसलिए वे जैसे भी हैं, उन्हें स्वीकार करें। अगर आप फिर भी अपने पति की उन आदतों को, जो आपको पसंद नहीं, बदलना चाहती हैं तो उन्हें सहजता से कुछ वर्षों में करें।

आप उन छोटे-मोटे कार्यों को सोचें, जो आप अपने पति के लिए कर सकती हैं। जैसे ऑफिस जाने से पहले अच्छा नाश्ता बनाकर देना। जब वे थके-हारे घर वापस आएँ, उन्हें चाय बनाकर देना। घर को साफ रखना, उनके कपड़ों को साफ व ठीक-ठाक रखना। यह सब तथा और भी बहुत से छोटे-छोटे कार्य आपके पति को यह अहसास दिलाते हैं कि उनका खयाल रखा जाता है, उन्हें प्यार किया जाता है और उनकी देखभाल होती है।

यह हमेशा याद रखें कि आपके पति अपने माता-पिता को कितना महत्त्व देते हैं। एक 'बहू' के रूप में आपको बहुत से कर्तव्य निभाने पड़ते हैं, यद्यपि वे इस संबंध का आवश्यक हिस्सा नहीं हैं। फिर भी, जहाँ तक आपके पति के खुश या नाखुश होने का सवाल है, ये कर्तव्य अमूल्य हैं, जैसे पाँव छूना, घूँघट आदि। इनसे पति अपने आपको महान् महसूस करने लगता है। यह मत भूलिए कि जिंदगी लेन-देन की एक शृंखला है। आपकी भाभी भी आपके माता-पिता के लिए ऐसा ही कर रही है।

यह सदा याद रखें कि आपके पति अपने आप में अद्वितीय हैं। वे इस दुनिया के बीस अरबपतियों में से एक हैं—उन्हें इस प्रकार ही समझें।

□

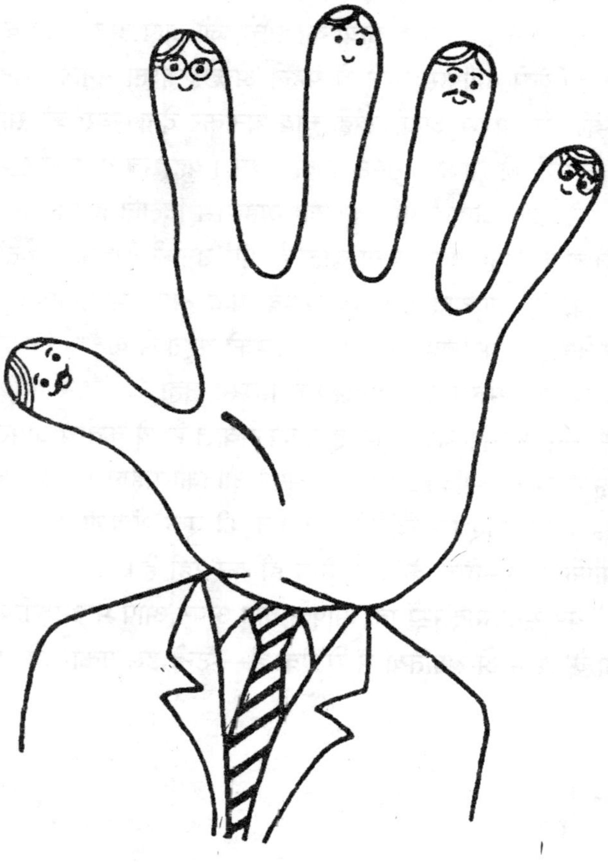

कोई भी दो उँगलियाँ एक जैसी नहीं होतीं।

: 1 :

पतियों का वर्गीकरण

(विवाह के तीन वर्ष बाद)

	मेरा अनुमान	आपका अनुमान
प्रत्येक काम के लिए अच्छे	0%	....
लगभग प्रत्येक काम के लिए अच्छे	6%	....
अधिकांश कामों के लिए अच्छे	30%	....
कई कामों में अच्छे	40%	....
कुछ कामों के लिए अच्छे	20%	....
किसी भी काम के लिए ठीक नहीं	4%	....
	100%	

मैं इस विषय पर पिछले कई वर्षों से रिसर्च करता रहा हूँ। आप इससे सहमत हों या न हों, यह आपकी इच्छा है। ऊपर एक तरीका दिया गया है, इसमें आप अपने भी आँकड़े भर सकते हैं।

कोई भी पति किसी एक वर्ग में लंबे समय तक नहीं रह सकता। वह आपके द्वारा उसके प्रति किए गए व्यवहार के अनुसार ऊपर या नीचे जा सकता है।

जब आप अपने पति पर विश्वास करती हैं,
तो वह निश्चित रूप से इस तरह के ही दिखाई देंगे।

: 2 :

अपने पति में विश्वास रखें

क्या आप एक अच्छी पत्नी बनना चाहती हैं? मैं आपको इसके कुछ आसान तरीके बताऊँगा। अपने पति में विश्वास रखें। यदि आप उनमें विश्वास नहीं रखती हैं तो कोई और भी उनमें विश्वास नहीं रखेगा। अभी या बाद में, आप ही मुसीबत में होंगी।

उनपर विश्वास करने से आप उनपर अपना आधिपत्य जमा सकती हैं। उनकी सबसे बड़ी प्रशंसक, उनकी खुशनुमा प्रशंसक बनें।

अपने संपर्कों को विकसित करने में उनकी सहायता करें। आपको एक तितली नहीं बल्कि अपने पति की एक अच्छी सचिव बनना है। इसे अमेरिका में 'रोलोडेक्स' कहते हैं और भारत में 'विजिटिंग कार्ड फोल्डर'। अमेरिका में रोलोडेक्स इतना महत्त्वपूर्ण है कि वे कहते हैं—यदि आपके घर में आग लग जाए तो अपने गहने, अपने विवाह की फोटो-एलबम भूल जाइए, सबसे पहले अपना 'रोलोडेक्स' बचाइए।

जन्मदिन कार्ड, दीपावली कार्ड, नववर्ष कार्ड इस मामले में सहायक हो सकते हैं। हो सकता है, आपको कभी उनमें से किसी की आवश्यकता न पड़े; लेकिन अगर आप ऐसा करती हैं तो यह आसान हो जाएगा। अपना काम पूरा करके रखिए (अपना गृहकार्य पूरा कीजिए)। इससे पहले कि आपको प्यास लगे, अपने लिए कुआँ खोद लीजिए।

फिर चाहे नौकरी बदलनी हो, व्यवसाय बढ़ाना हो, छुट्टियों की बात

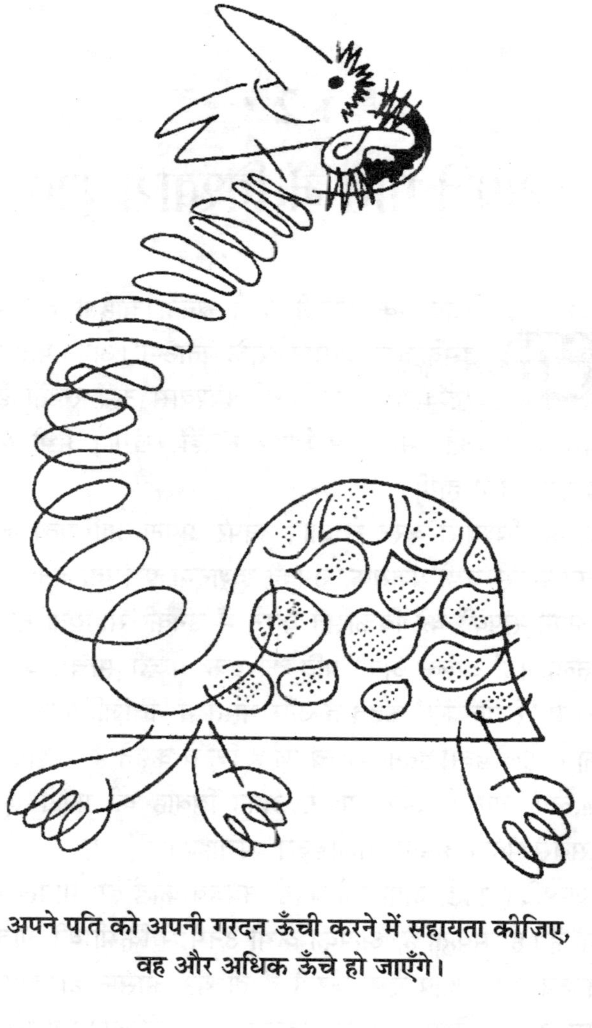

अपने पति को अपनी गरदन ऊँची करने में सहायता कीजिए,
वह और अधिक ऊँचे हो जाएँगे।

हो, विवाह संबंध का सवाल हो या कोई और बात हो—यानी आपको किसी भी तरह की सहायता की आवश्यकता हो, आपके रोलोडेक्स आपके लिए 'प्रकाश-बल्ब' बन सकता है। रोलोडेक्स आपके लिए गणेशजी का हाथ बन सकता है। नेटवर्किंग, इंटरफेसिंग, बेहतर सूचनाएँ—ये आपके ब्रह्मास्त्र हैं। क्या यह आपकी सफलता की गारंटी दे देगा? नहीं। लेकिन निश्चित रूप से जब भी आपको इसकी आवश्यकता होगी, यह आपके लिए बहुत हितकर साबित होगा।

याद रखिए, आपके छियानबे प्रतिशत संपर्क आपकी मदद नहीं करेंगे, पर शायद आपको अंतर देखने के लिए एक ही संबंध की आवश्यकता होगी।

आपके पति अपनी नौकरी या व्यवसाय खो सकते हैं। उन्हें नेटवर्किंग के अलावा अपनी कुशलताएँ पैनी करने के लिए प्रोत्साहित करें। उनके शुरू के वर्षों में उन्हें ज्यादा मेहनत से काम करने के लिए प्रोत्साहित करके एक अच्छी पत्नी बनें। उन्हें अपने लक्ष्यों से आगे निकलने के लिए प्रेरित करें। उन्हें प्रोत्साहित करें, उनके दोष न निकालें। उन्हें प्रेरित करें। उनकी कमियाँ न निकालें और उन पर कुढ़ें नहीं।

प्रिय, तुम बहुत सुंदर दिखाई दे रही हो!

: 3 :

पति का रोमांटिक होना अच्छी बात

यदि आपके पति साल-दर-साल ज्यादा रोमांटिक होते जा रहे हैं, तो हैरान न हों। यह फिल्मों, किताबों, दोस्तों, उनकी सोच—किसी का भी परिणाम हो सकता है। उनकी नौकरी, व्यवसाय या समाज के लिए उनके अंदर के 'नेतृत्व भाव' को विकसित करें।

उनके साथ जाएँ। उनके सपनों की साथी न बनें। उनके रास्ते में रुकावटें न आने दें। बातें करें, साथ चलें, सोचें-समझें, विश्लेषण करें और इस पर विचार करें।

उनकी मित्र बनें, उन्हें ही अपना संसार मान लें। उनके साथ बुद्धिमत्ता से बातें करने के लिए पर्याप्त तैयारी करें। उनसे खूब प्रश्न पूछें, जो उन्हें सोचने पर मजबूर कर दें। उनकी धुँधली सोच स्पष्ट हो जाएगी और वे आप में विश्वास रखने लगेंगे।

अच्छी श्रोता बनने की खूबियाँ पैदा करें। उनका 'ध्वनि बोर्ड' (यानी गलती के समय चेतानेवाली) बन जाएँ। उनकी सलाहकार बनें।

यदि आप अपने पति को खुश देखना चाहती हैं,
तो सबसे पहले अपने को प्रसन्नचित्त बनाइए।

: 4 :

विवाह के विषय में एक साधारण सच

मुझे पूर्ण विश्वास है कि जीवन में खुश होना हम में से प्रत्येक का एक लक्ष्य है। मैं इस बात में विश्वास करता हूँ कि आप प्रसन्नता को अपने कार्य में ही प्राप्त कर सकते हैं या फिर आपको कभी भी प्रसन्नता के बारे में पता नहीं चलेगा।

अगर आप अपने पति को खुश रखना चाहती हैं तो पहले अपने आपको खुश रखें। अगर आप एक गृहिणी हैं तो घर के कार्य में रुचि लीजिए। यदि आप कामकाजी महिला हैं तो अपने स्वयं के काम को पसंद कीजिए और किसी भी हालत में यह सुनिश्चित कर लीजिए कि आपके पति भी अपने काम को पसंद करते हैं, उनके काम में आपकी रुचि उनके लिए बहुत परिवर्तन ला सकती है। मैंने कहा, समझदारी से—जिसका अर्थ केवल यह है कि आप दोनों के व्यक्तित्व बहुमुखी होने चाहिए। याद रखें, जब कोई अपने कार्य में रुचि लेना शुरू कर देता है तो वह कार्य कम, खेल अधिक बन जाता है।

साथ-साथ इसके बारे में सोचें, इसके बारे में बातें करें। अंततः आप सुनिश्चित रूप से एक दंपती के रूप में अधिक खुश और अधिक संतुष्ट हो पाएँगे।

आपके पति शेर हैं या चूहा?

: 5 :

आप पति को 'भीगी बिल्ली' या 'शेर सिंह' बना सकती हैं

स्व-संपूर्णता पति और पत्नी के बीच में सबसे अधिक लागू होनेवाली एक मनोवैज्ञानिक प्रक्रिया है। ग्रीक और रोमन लोक कथाओं में पिगमैलियन एक ऐसा चरित्र है कि जो मूर्ति उसने बनाई होती है, उसकी सुंदरता में वह इतनी दृढ़ता से विश्वास करता है कि वह जीवंत हो उठती है।

आपके पति के बारे में आपकी सोच, विशेषकर आपकी मौजूदगी में, उनके व्यवहार को प्रभावित करती है।

"छोटे कार्यों के बड़े परिणाम होते हैं—चाहे वे बेहतर हों या बदतर।" यह मजाक की बात नहीं है बल्कि पूर्णतः सत्य है। आपके पति बारह फीट लंबे भी हो सकते हैं और बारह इंच के भी हो सकते हैं। शारीरिक ऊँचाई पर न जाएँ—यह तो केवल भ्रम है।

अब यदि आप सोचती हैं कि आपके पति बौने हैं तो आप निश्चिंत हो जाइए कि कुछ वर्षों में वे बौने हो जाएँगे।

: 6 :

जब आपके पति आपको फूल दें

मैं एक ऐसे पति को जानता हूँ, जो सुबह उठते ही अपनी पत्नी को एक फूल पेश करते हैं और उनकी पत्नी कहती हैं, "इस उम्र में आप यह क्या कर रहे हैं, बच्चे क्या सोचेंगे? ये फूल आप भगवान् पर क्यों नहीं चढ़ाते?"

यदि आप इस तरह की पत्नी हैं तो दो बार सोचिए। उस मानसिक टेप को मिटा दीजिए, जो आपको ऐसे विचार देती है। इसके स्थान पर नम्रता से उनका धन्यवाद कीजिए और भगवान् से एक मिनट तक शांत मन से प्रार्थना कीजिए कि उन्होंने आपको इतना अच्छा पति दिया है। अपने पति द्वारा किए जानेवाले इस तरह के किसी भी सम्मान की प्रशंसा कीजिए। ये सब अपने अधिकार के रूप में मत सोचिए। तब आपके पति और बेहतर रूप में सामने आएँगे।

: 7 :

जब आपके पति वापस घर आते हैं

जब आपके पति वापस घर आते हैं तो अपनी खुशी के लिए कटाक्ष या व्यंग्य भरे वाक्य न बोलें। उस समय अपने होंठों पर मुसकराहट के साथ अपनी आँखों में चमक (आप अपने आँसू दूसरी आँख में छिपा सकती हैं) अपने दिल से इस शुक्रिया के साथ (कि आपके पति घर लौट आए हैं) उनका स्वागत करने से महत्त्वपूर्ण बात कोई और नहीं होती। एक बड़ी लड़की की तरह समझदारी से काम लें और छोटी-छोटी समस्याएँ उनको बताने के बजाय स्वयं उनका समाधान करें।

एक अच्छी पत्नी वह है जो 'मच्छर' (छोटी-मोटी समस्याएँ) स्वयं मारती है और अपने पति को केवल 'शेर' (वास्तव में बड़ी समस्याएँ) मारने के लिए कहती है। वह भी तब, जब वे पूरी तरह आराम करे चुके हों।

यह नियम बना लें कि अपने पति के घर आने के पहले मिनट तक उन्हें कोई दुःख भरी बात न बताएँ। ऐसा करने से कोई आसमान नहीं टूट पड़ेगा। कैकेयी का स्मरण कीजिए—आप क्या वैसी बनना पसंद करेंगी?

मायाजाल से स्वयं को दूर रखिए।

: 8 :

स्वयं को प्रलोभनों से अलग रखें

सीता : ओह, देखो कितना सुंदर हिरण है!

लक्ष्मण : वह हिरण इतना अद्‌भुत है कि वास्तविक नहीं लगता। देखो, वह कितना चमक रहा है। यह कोई राक्षस ही हो सकता है।

सीता : (लक्ष्मण के शब्दों की परवाह न करते हुए) हे राम! क्या यह सुंदर नहीं है? क्या आप इसे मेरे लिए लाएँगे?

राम : प्रिये, निश्चित रूप से लाऊँगा।

शायद यह वह संवाद था, जिसने घटनाओं भरी शृंखला का एक महाकाव्य शुरू किया।

आज के संदर्भ में जब मैं इस विषय में सोचता हूँ तो यह सोचे बिना नहीं रह सकता कि राम को इसके लिए सहमत करने के लिए सीता को बहुत जिद करनी पड़ी होगी, क्योंकि भगवान् राम अच्छी तरह जानते थे कि यह एक मायाजाल है। जब हमारी जिंदगियों में लालच शुरू हो जाता है तो 'लक्ष्मण-रेखाएँ' भी किसी काम की नहीं रह जातीं। हम उन्हें तोड़ने के तरीकों को न्यायोचित ठहराना शुरू कर देते हैं, जैसे सीताजी ने भगवान् राम की सहायता के लिए न जाने पर लक्ष्मण के उद्‌देश्य पर प्रश्न-चिह्न लगाया था।

प्रिय महिलाओ, केवल आपको ही निश्चित करना है कि आप कैसे रहना चाहती हैं—आवश्यकताओं को पूरा करने के लिए या लालच को पूरा करने के लिए; जबकि आवश्यकताओं को पूरा किया जा सकता है, लेकिन

तुम्हें अपनी प्राथमिकताएँ निर्धारित करनी चाहिए।
मैं अभी भी कहता हूँ कि हमें टी.वी. की जगह कुछ फर्नीचर खरीदना चाहिए था।

लालसाओं को कभी पूरा नहीं किया जा सकता।

जब आपके पति आपके पास आते हैं तो वे चर्चा करनेवाले व्यक्ति नहीं, बल्कि काम करनेवाले व्यक्ति होते हैं। इसलिए आपको केवल एक निष्क्रिय श्रोता नहीं बल्कि आत्मशिक्षित और सक्रिय बनना चाहिए। आपका काम अपने पति को आराम देने में सहायता करने का है, उन्हें स्थितियों से भागने में मदद करने का नहीं। आपको उन्हें धीरे चलने की और जो कुछ पहले से पास है, उसका आनंद लेने की सलाह देनी है। अपने पति को इस बात के लिए प्रेरित करें कि वे अपने राज आपके साथ बाँटें।

आप दोनों का एक साझा लक्ष्य है और वह है जीवन में एक साथ प्रसन्न रहना। इसका मतलब यह नहीं है कि आप दोनों को लक्ष्य तक पहुँचने के लिए एक जैसा रास्ता और एक जैसी गति अपनानी है। आप एक-दूसरे से हटकर दौड़ सकते हैं या अपनी स्वयं की गति से अपने-अपने रास्ते पर जा सकते हैं।

आपको अपनी प्राथमिकताएँ निर्धारित करनी चाहिए।

: 9 :

पति पर न चिल्लाएँ

यदि आप पति पर चिल्लाती हैं तो ऐसा न करें, क्योंकि आपके पति संगीनों का मुकाबला कर सकते हैं, लेकिन आपकी चूँ-चूँ, भौं-भौं से नहीं लड़ सकते। जब आप चिल्लाना शुरू करती हैं या परेशान होने लगती हैं तो वह भीगी बिल्ली बन जाते हैं। जब वह घर आते हैं तो मानसिक शांति चाहते हैं। इसलिए वह इस बात की पूरी कोशिश करते हैं कि आपकी कटु बातों का जवाब न दें और अपमान व अनादर बरदाश्त कर लें। हर शनिवार को सुबह ग्यारह बजे अपना आकलन करें और जाँच करें कि इस तरह का व्यवहार आपने पिछली बार कब किया था। रविवार को अपने आप में सुधार लाएँ। गलती करना इनसान का स्वभाव है और माफ करना भी।

: 10 :

रविवार पति के लिए आरक्षित करें

रविवार को वही करें जो आप दोनों मिलकर इकट्ठे करना चाहते हैं। आप नेतृत्व करें। काम की गति निर्धारित करें। आप ही 'बॉस' हैं। जिंदगी की छोटी-मोटी खुशियों का आनंद उठाना सीखें। शनिवार को ग्यारह बजे आपने पूरे सप्ताह का विश्लेषण किया था, अब उनसे इस बारे में चर्चा करें और गलतफहमियाँ दूर करें—एक अच्छी महिला की तरह।

: 11 :

आपके पति आलसी हैं तो इसका भी आनंद उठाएँ

कुछ लोग आलसी होते हैं। यदि आपके पति इस तरह के हैं तो इसका भरपूर आनंद उठाएँ। और जैसा भी गुजरे, उसका मजा लेना शुरू कर दें। अपने पति की तुलना अन्य पतियों से न करें। ऐसा करने से आपको कोई फायदा नहीं होगा, बल्कि इससे आप परेशान हो जाएँगी।

आलसी लोगों ने कभी भी किसी व्यक्ति को हानि नहीं पहुँचाई है। वे ऐसा कर ही नहीं सकते। वे इतनी परेशानी का सामना करना ही नहीं चाहेंगे।

मैं तो सुबह अपने
कुत्ते के साथ
टहलने जाती हूँ और
शाम को अपने पति
के साथ टहलने
जाती हूँ!

: 12 :

यदि आपके पति समस्या पैदा करनेवाले हैं

समस्या पैदा करनेवाले पति। ऐसे पति बहुत बड़ी संख्या में हैं। इसका एक अच्छा तरीका यह है कि आप अपनी समझदार मित्रों से एक-एक करके इस बारे में बात करें और समस्याओं की शिकायत करने की जगह उनके बेहतर समाधान निकालें। अपने पति को सुधारने की बात सोचते समय इस सूफी कहानी का स्मरण करें।

गलीचों का एक व्यापारी था। उसने देखा कि उसके ड्राइंगरूम का गलीचा एक स्थान पर कुछ उभरा हुआ है। वह बहुत हैरान हुआ और प्रतिक्रियास्वरूप उस उभार पर कूदा, उभार गायब हो गया। वह बहुत खुश हुआ; लेकिन थोड़ी ही देर में दूसरी जगह पर वैसा ही उभार दिखाई देने लगा। वह इस उभार पर भी बार-बार कूदता रहा। उभार गायब होता रहा और वैसा ही उभार दिखाई देता रहा। फिर एकदम उसने गलीचे को लपेटना शुरू किया तो उसके नीचे से गुस्से से भरा एक साँप बाहर निकला।

हो सकता है कि आप अपने पति के दृष्टिकोण और व्यवहार से हैरान-परेशान हों। आप पारंपरिक समाधानों, जैसे—कटाक्ष करना, क्रोधित होना, परेशान करना, चिल्लाना, झगड़ना आदि का उपयोग कर रही हों। इससे आपके पति 'साँप' बन ज़ाते हैं। आप उन पर दबाव डालना जारी रखती हैं और वे गायब होते व दिखाई देते रहते हैं। यह कोई तरीका नहीं है।

आप दूसरों को दोषी ठहराना शुरू कर देती हैं। इसमें उनकी माँ को भी शामिल कर लेती हैं कि उन्होंने अपने बेटे को गलत ढंग से ऊँचा उठाया है। तथ्य यह है कि इसके लिए कोई अन्य बाहरी व्यक्ति जिम्मेदार नहीं है। ये आप दोनों (आप और आपके पति) ही हैं, जिन्होंने समस्या पैदा की है। केवल आप दोनों ही इसे हल कर सकते हैं।

: 13 :

मूर्ख पत्नी न बनें

क्या आपके पति मानसिक रूप से टूटे हुए हैं, ईर्ष्यालु हैं, तनावग्रस्त हैं? तो इस बारे में कुछ कीजिए। हिम्मत मत हारिए। इसके लिए 60 प्रतिशत दोष आपका ही है।

कई पति यह सोचकर कि जिंदगी से उन्हें कुछ नहीं मिला, चिंताग्रस्त, तनावग्रस्त, डरपोक, कायर इत्यादि बन जाते हैं। वे इस तरह के डर (फोबिया) से ग्रस्त हो जाते हैं कि वे बीमार हैं, उन्हें दूसरों से अलग-थलग रखा जा रहा है। वे सोचने लगते हैं कि हर कोई उनके खिलाफ है। वे हर व्यक्ति पर शक करने लगते हैं।

क्या करना चाहिए? बहुत कुछ, पेशेवर मदद के बारे में सोचें। मित्रों, नजदीकियों और संबंधियों के बारे में सोचें। उनसे बात करें। वे आपके पति से बात कर सकते हैं। आप भी उनसे (पति से) बात कर सकती हैं।

यदि आपके पति ऐसी स्थिति में हैं तो आप निश्चित रूप से उनकी सर्वोत्तम सहायता कर सकती हैं। आप स्वयं 'झाँसी की रानी' बन जाएँगी।

आपको अपने पति की मदद करने के लिए मनोचिकित्सक नहीं बनना है। 'मदर टेरेसा' बन जाइए और इससे निश्चित रूप से उन्हें मदद मिलेगी। आपके लिए एक प्रेरणादायक कहानी प्रस्तुत है—

एक अस्पताल ने मुख्य बाजार में एक 'वॉक-इन-क्लीनिक' खोला। अत्यधिक समझदारी दिखाते हुए विज्ञान के उन समझदार डॉक्टरों ने उसका नाम रखा 'एंबुलेटरी केयर सेंटर'। डॉक्टरों को मालूम था कि एंबुलेटरी का

आपको महान् कार्य करने के लिए
देवता बनना आवश्यक नहीं है।

अर्थ 'वॉक-इन' है। दुर्भाग्य से, मरीजों को इसका पता नहीं था। यह सेंटर तब तक मृत्युशय्या पर पड़ा रहा जब तक कि एक बाजारी सर्वेक्षण से यह पता नहीं चला कि इसके 58 प्रतिशत संभावित ग्राहक सोचते थे कि 'एंबुलेटरी' का अर्थ—'एंबुलेंस द्वारा आना' है।

(उसके बाद उस सेंटर का नाम साधारण अंग्रेजी में लिखा गया।)

मेरे चचेरे भाई विजय एक भयानक सड़क-दुर्घटना के शिकार हुए। कोई भी उनकी सहायता के लिए नहीं रुक रहा था। उनकी पत्नी अचानक बहुत निडर बन गईं और सामने से आते हुए एक ट्रक के सामने खड़ी हो गईं। ट्रक रुक गया। उन्होंने अपने पति को उसमें 'लादा' और उन्हें बचा लिया।

जब भी आप किसी समस्या से घिरे हों तो इसके बारे में 96 प्रतिशत समय तक सोचें। लेकिन तीन सौ साठ के कोण पर घूम जाएँ (चारों ओर नजर दौड़ाएँ) लोगों से बात करें, किताबें और पत्रिकाएँ पढ़ें, लिखें। बड़े-से-बड़ा दिमाग अगर समस्या पर केंद्रित है तो समाधान निकल ही आएगा। बड़े-से-बड़ा पेड़ भी कुल्हाड़ी के सौवें प्रहार से कट जाता है। इसका मतलब यह नहीं है कि पहले के निन्यानबे प्रहारों ने सफलता में कोई योगदान नहीं दिया है।

प्रत्येक अतिशीघ्र 'ओवरनाइट' सफलता के पीछे बीस वर्षों की कड़ी मेहनत होती है। इसलिए आपको झाँसी की रानी बनने में कुछ दिन, कुछ सप्ताह या कुछ महीने लग सकते हैं।

इसलिए इतनी मूर्ख न बनें कि स्वयं ही सोचती रहें कि आप केवल एक पत्नी हैं। आप पत्नी हैं, लेकिन आप छोटे-मोटे काम बड़ी महानता के साथ कर सकती हैं। अंततः जीवन में ये छोटी-मोटी बातें आप में अंतर पैदा करती हैं।

: 14 :

ईमानदार व्यक्ति को पत्नी ने बेईमान बनाया

एक बहुत ईमानदार व्यक्ति था, जो अपने व्यवसाय और परिवार का बहुत अच्छी तरह ध्यान रखता था। उसकी कंपनी ने उसे 'टूर' (व्यावसायिक यात्रा) पर भेजा। उसके पास एक ब्रीफकेस था, जिसमें महत्त्वपूर्ण कागजात थे। यात्रा करते-करते जब वह थक गया तो उसने एक नदी पर बने पुल पर थोड़ी देर आराम करने का निश्चय किया। अचानक उसका ब्रीफकेस पानी में गिर गया।

यद्यपि वह व्यक्ति उम्र में काफी बड़ा था, फिर भी वह रोने लगा। उसका ब्रीफकेस चाहे रेक्सीन का बना था, फिर भी उसके लिए बहुत कीमती था, क्योंकि उसमें काफी महत्त्वपूर्ण दस्तावेज थे। वह पानी में कूदकर आत्महत्या करने के बारे में सोचने लगा। अचानक जलदेवता प्रकट हुए, उन्होंने पानी में डुबकी लगाई और चमड़े का एक ब्रीफकेस लेकर बाहर निकले। लेकिन उस भले व्यक्ति ने वह लेने से इनकार कर दिया, क्योंकि वह उसका नहीं था। देवता ने फिर डुबकी लगाई। इस बार उन्होंने वी.आई.पी. का ब्रीफकेस निकाला। उस भले व्यक्ति ने इस बार फिर उसे लेने से इनकार कर दिया, क्योंकि वह भी उसका नहीं था। देवता ने एक बार और डुबकी लगाई। इस बार उसने रेक्सीन का ब्रीफकेस निकाला। वह व्यक्ति उसे पाकर बहुत खुश हुआ और उसने देवता को अपने दिल की गहराइयों से धन्यवाद

दिया। देवता भी उसकी ईमानदारी से बहुत खुश हुआ और उसे सभी ब्रीफकेस दे दिए।

वह व्यक्ति खुशी-खुशी घर पहुँचा और अपनी पत्नी को ईमानदारी से वह सबकुछ बता दिया, जो हुआ था। उसकी पत्नी उसकी ईमानदारी पर खीझ गई। वह उस देवता से मिलना चाहती थी, जो इतना उदार था।

पति के पास पत्नी को पुल पर ले जाने के अलावा कोई उपाय न था। दोनों पुल पर बैठ गए। अचानक उसकी पत्नी नदी में गिर पड़ी। वह व्यक्ति फिर से रोने लगा। देवता प्रकट हुए और उन्होंने उसकी कहानी सुनी। वे नदी में कूदे और एक अप्सरा को बाहर निकालकर उस व्यक्ति से पूछा, ''क्या यही तुम्हारी पत्नी है?'' ईमानदार आदमी ने कहा, ''हाँ।''

सर्वज्ञ देवता हैरान नहीं हुए। लेकिन फिर भी उन्होंने पूछा, ''पुत्र, तुम एक ईमानदार व्यक्ति हो, फिर भी तुम सच क्यों नहीं बोल रहे?''

व्यक्ति ने उत्तर दिया, ''प्रभु, यदि मैं 'नहीं' कह देता तो आप फिर डुबकी लगाते और दूसरी अप्सरा को निकाल लाते। यदि मैं फिर 'नहीं' कह देता तो आप फिर डुबकी लगाते और मेरी 'पत्नी' को निकाल लाते। फिर मैं 'हाँ' कहता—और फिर आपने मुझे तीनों औरतें दे दी होतीं। आप मेरी हालत का अंदाजा लगा सकते हैं। इसलिए मैंने थोड़ी सामान्य बुद्धि के साथ ईमानदार होने का निर्णय लिया।''

इस कहानी में पत्नियों के लिए एक महत्त्वपूर्ण शिक्षा है कि आप कई मामलों में ज्यादा समझदार हैं। अगर आप अपना वैवाहिक जीवन खुशी से भरपूर बनाना चाहती हैं तो हमेशा सच बोलिए। अपने पति को भी सच बोलने के लिए प्रेरित करें। यह सब करने के लिए चाहे आपको कुछ कम विलासितापूर्ण जीवन ही क्यों न गुजारना पड़े।

: 15 :

एक-दूजे के लिए… क्या यह संभव है?

एक-दूजे के लिए…शुरुआत के लिए! जैसे-जैसे हम जीवन में आगे बढ़ते जाते हैं, छोटी-मोटी बातें बड़ी होने लगती हैं। प्रत्येक दंपती को यह सुनिश्चित करना चाहिए कि ऐसा न हो और यदि ऐसा होने लगे तो शुरुआत में ही इसकी जड़ काट दें। के.एफ.पी. (क्या फर्क पड़ता है) का दृष्टिकोण इस मामले में सहायक सिद्ध होगा।

विवाह का सफल होना नौकरी या व्यवसाय में सफल होने की अपेक्षा अधिक महत्त्वपूर्ण है। यह मत भूलिए कि जब हम अपने निर्माता (ईश्वर) के पास जाने के लिए तैयार होंगे तो हम एक-दूसरे के प्रति अच्छा व्यवहार न करने के लिए खेद प्रकट करेंगे।

एक पत्नी को ज्यादा संपूर्ण इनसान होने के नाते परिवार की खुशी के अपने लक्ष्य को प्राप्त करने के लिए 60 प्रतिशत काम करना चाहिए। जन्मदिन और वर्षगाँठ भूलकर 'माय फेयर लेडी' गीत का स्मरण करें, जिसमें जन्मदिन व वर्षगाँठों को भूलने के बारे में कहा गया है। परिवार के सभी सदस्यों और दोस्तों के जन्मदिन और वर्षगाँठों को अपनी डायरी या कैलेंडर में नोट करें। एक अच्छी सूत्रधार बनें। उनकी 'सेक्रेटरी' बनें और 'क्या सीन है' की परिस्थिति बनाने की बजाय साथ-साथ इसका आनंद लें।

थोड़े-थोड़े समय बाद पति और पत्नी अलग-अलग विषयों पर अलग-अलग ढंग से सोचते हैं—यह सत्य है। जब वे अलग-अलग मार्गों पर होते हैं तो सबकुछ बहुत मुश्किल हो जाता है। यदि वे अलग-अलग दिशाओं में जा रहे होते हैं तो विचित्र स्थिति उत्पन्न हो जाती है। इन सबको बंद करें। अपने अहंकार को खत्म करें और उनके साथ उनकी दिशा में चलें—अंत में आपको इससे कभी कोई हानि नहीं होगी।

किताबें और मित्र कम परंतु अच्छे होने चाहिए।

: 16 :

अपने दोस्तों का आकलन करें

आपके मित्र कौन हैं। आपके सलाहकार कौन हैं? आपके वो कौन हैं?

मैं आपसे पूछता हूँ—क्या आपके मित्र मंथरा और संजय जैसे हैं?

हम में से कोई एक बार अर्जुन की तरह किंकर्तव्यविमूढ़ हो जाता है—जब हम अपनी नौकरी और जिंदगी के बारे में भ्रमित हो जाते हैं, तब यदि हमारे पास भगवान् कृष्ण जैसा मित्र नहीं होता तो हमें दंड भोगना पड़ता है। दुर्योधन और उसके बहुत अच्छे मित्र कर्ण का स्मरण करें।

क्या करना चाहिए? अपने मित्रों को शिक्षा दें और अपने दिमाग में उनको जाँचती रहें। अच्छे वक्त में दोस्त एक रुपए दर्जन के हिसाब से मिल जाते हैं, पर जब वक्त खराब होता है तो सैकड़ों में भी एक कृष्ण मिल जाए तो आप खुशकिस्मत हैं। अपने दोस्तों का आकलन करती रहें। किटी या कीर्तन पार्टियाँ ठीक हैं, लेकिन क्या आप अपने मन के विचार कुछ मित्रों के साथ बाँटती हैं? क्या आप अच्छी प्रतिध्वनियों के रूप में उनका उपयोग करती हैं? यदि नहीं, तो ऐसा कीजिए।

उत्तेजना में कोई भी कार्य न कीजिए।

: 17 :

यदि आपके पति चिंताग्रस्त प्रकृति के हैं

निश्चित रूप से आप अपने पति की चिंता और दबाव कम करने में उनकी सहायता कर सकती हैं। एक ही रात में नहीं, न ही तीन महीने में और न ही एक साल में। इसके लिए धीमी प्रक्रिया अपनानी पड़ती है। कछुआ खरगोश से धीमा अवश्य हो सकता है, लेकिन दौड़ वही जीतता है।

वास्तविक जीवन में किसी तरह के क्विक-फिक्स यानी कि जल्दी जोड़ने वाले मिश्रण नहीं मिलते। इसलिए इस बात की खोज कीजिए कि आपके पति को कौन सी चिंता खाए जा रही है। इस स्थिति में वे प्याज की तरह बन जाते हैं और इसलिए आपको छिलके उतारने ही पड़ेंगे, यानी एक-एक करके उनकी प्रारंभिक समस्याओं को देखना पड़ेगा। समस्या की जड़ में जाइए। यह मत भूलिए कि शेर को भी मक्खियों और मच्छरों से बचाना पड़ता है। उनके मन में मूर्खतापूर्ण संदेह और गलतफहमियाँ या आशंकाएँ डेरा डाल सकती हैं। उनके अतीत, वर्तमान और भविष्य को समझने के लिए पूरा समय दें। एक बार जब आप ये सब समझ जाती हैं तो आपको 90 प्रतिशत सफलता हासिल हो जाती है। अधिकांशतः आप उनके व्यवसाय, नौकरी और अन्य गतिविधियों की असफलताओं के बारे में खोज कर रही होती हैं—ये वे मूर्खतापूर्ण बातें होती हैं, जिन्हें उन्होंने कई गुणा अधिक बढ़ा लिया होता है।

इनका समाधान आसान है। उन्हें आहिस्ता-आहिस्ता एवं बार-बार सार्थक दिशा की तरफ प्रेरित कीजिए और यही इसका समाधान है।

कहावती खरगोश नहीं बल्कि कछुआ बनिए।

: 18 :

यदि आपके पति खाने के शौकीन हैं

यदि भगवान् ने आपको लालची पति दिया है तो निम्नलिखित पंक्तियों के बारे में सोचें—

'जो चीजें मैं बदल नहीं सकती
ईश्वर, मुझे उन्हें स्वीकार करने की सामर्थ्य दे,
जो कुछ मैं बदल सकती हूँ उन्हें बदलने की शक्ति दे
और उनमें अंतर करने की समझदारी प्रदान करे।'

अपने पति को एक हाथी के रूप में देखें। तब एक हाथी और छह अंधे व्यक्तियों की कहानी याद करें, जहाँ पहले को वह एक बड़ी दीवार की तरह लगता है, दूसरे को उसके दाँत भाले की तरह प्रतीत होते हैं, तीसरे को उसकी सूँड़ एक साँप की तरह, चौथे को उसकी टाँगें पेड़ के तने की तरह, पाँचवें को उसके कान पंखे की तरह तथा छठे को उसकी पूँछ रस्सी की तरह प्रतीत होती है। चाहे अपने विचार से सभी ठीक थे, परंतु सबके सब गलत थे।

आप एक पत्नी के रूप में अपने पति को अपनी आँखों, कानों, दिल और दिमाग से देख सकती हैं या उन्हें कहावती अंधे व्यक्तियों की तरह भी देख सकती हैं। आश्चर्य की बात तो यह है कि जब वे अन्य 'पतियों' की ओर देखती हैं तो बहुत गहराई से देखती हैं। उन्हें 'राम-अवतारों' के रूप में मानने लगती हैं।

इसलिए प्रिय महिलाओ, अपने पति को आनंद लेने दीजिए, उन्हें जी भरकर खाने दीजिए। हाँ, यह उनके लिए अच्छा नहीं है। लेकिन आपकी उनके प्रति फिक्र उनके आत्मसम्मान के लिए दस गुना अधिक हानिकारक है।

उन्हें टोकें नहीं। लेकिन उनकी खाने की आदतों को सुधारने के रचनात्मक तरीके सोचने में अपना समय लगाएँ।

: 19 :

यदि आपके पति चिमनी की तरह धुआँ उगलते हैं

सिगरेट पीना बुरा है, बहुत बुरा, बहुत-बहुत बुरा!

मुझे एक तमिल कहावत याद आ रही है कि आप पानी में छह इंच अंदर डूबें या छह फीट, इससे कोई अंतर नहीं पड़ता।

तो क्या करना चाहिए? यह बहुत आसान है। सरल रेखाओं में सोचने के बजाय अपने दिमाग को वृत्तों में सोचने के लिए प्रेरित कीजिए। जब आप यह कहती हैं कि सिगरेट पीना बुरी बात है तो आप एक सरल रेखा में सोच रही हैं और समस्या से दूर भाग रही हैं।

तनाव, शराब पीना, ज्यादा खाना और धूम्रपान करना बुरी आदतें हैं।

जब आप इन आदतों पर सोचना शुरू करती हैं तो अंतर्संबंधों की ओर देखती हैं। आप अचानक हुए काम के बजाय बदलाव की प्रक्रिया देखती हैं। आप समस्याओं की जड़ पर ध्यान केंद्रित कर सकेंगी और उन्हें एक-एक करके हल कर सकेंगी।

मैंने धूम्रपान के ऐसे सैकड़ों शौकीन देखे हैं, जो बहुत अच्छे लोग हैं। वे जीवंत और खुश रहते हैं। मैंने धूम्रपान न करनेवाले ऐसे सैकड़ों व्यक्ति देखे हैं, जो ज्यादा तनावग्रस्त रहते हैं। मैं यह नहीं कह रहा कि सिगरेट पीना अच्छा है। मैं केवल यह कह रहा हूँ कि आप जितना सोचती हैं, यह उससे कहीं छोटी बुराई है। किसी पर जरूरत से ज्यादा दबाव मत डालिए।

अपने पति की धूम्रपान की आदत को यही समझकर अपना लें और इसे एक सकारात्मक 'फीडबैक' के रूप में लें।

याद रखें, वास्तविकता वृत्तों से बनी हुई है। लेकिन हम इसे सीधी रेखाओं के रूप में देखते हैं। प्रिय महिलाओ, जब भी आप कोई वास्तविकता देखें। सीधी रेखाओं के रूप में नहीं, बल्कि वृत्तों के रूप में सोचना शुरू करें।

: 20 :

यदि आपके पति पीने के शौकीन हैं

आप पीना और शराब के बारे में सोचना शुरू कर देती हैं। इसकी शुरुआत 'सोशल ड्रिंकिंग' (सामाजिक पीने-पिलाने) के रूप में होती है। कम आत्मसम्मान और कम काम तथा घरेलू चिंताओं के कारण यह बीमारी में बदल जाती है।

एक पुरानी कहानी है कि एक राहगीर एक शराबी व्यक्ति को स्ट्रीट लैंप के नीचे कुछ ढूँढ़ते हुए देखता है। वह उसे मदद की पेशकश करता है। उसे पता चलता है कि शराबी अपने घर की चाबियाँ ढूँढ़ रहा है। थोड़ी देर बाद वह पूछता है, "तुमसे चाबियाँ कहाँ गिरी थीं?" शराबी जवाब देता है कि उसने उन्हें अपने घर के बाहर कहीं गिराया था। राहगीर पूछता है, "तब तुम उन्हें यहाँ क्यों ढूँढ़ रहे हो?" शराबी जवाब देता है, "मेरे घर के दरवाजे के आस-पास 'लैंप पोस्ट' नहीं है।"

जीवन में मूल समस्या की खोज करें। उसके बाद आसान समाधान सा ढूँढ़ें। अस्पष्ट समाधानों को नजरअंदाज कर दें। कभी-कभी चाबियाँ स्ट्रीट लैंप के नीचे नहीं होती हैं, लेकिन प्राय: वे कहीं अँधेरे में होती हैं। यदि समाधान इतना आसान होता तो इसे पहले ही खोज लिया गया होता। आपको कहावती बड़े हथौड़े की नहीं, बल्कि उचित हथौड़े की आवश्यकता है।

यह समझ लें कि पीना अपने आप में इतना बुरा नहीं है। हाँ, निश्चित रूप से यह आपके पति के स्वास्थ्य खाते में निकासी की प्रविष्टि है। लेकिन

झगड़ा करने से कुछ सहायता नहीं मिलती

उन्हें हमेशा बुरी बात का अहसास दिलाकर उनके आत्मसम्मान को कम न करती रहें।

उन्हें पूरी छूट दें और एक दिन वह स्वयं इस बात को महसूस करेंगे कि वे गलत दिशा में जा रहे हैं। उन्हें उनका आत्मसम्मान और आत्मविश्वास लौटा लाने में सहायता दें।

मेरे एक मित्र का वजन एक सौ तीस कि.ग्रा. से अधिक है। वह हम लोगों के साथ मिलने पर शराब पीते हैं, धूम्रपान करते हैं और बहुत अधिक खाते हैं। हमेशा मुसकरानेवाली उनकी पत्नी मालती थोड़ी दूर बैठकर इस दृश्य का आनंद लेती हैं। मैंने कभी कोई साथ देनेवाली पत्नी देखी है तो वे मालती ही हैं। तीस साल से ऐसा चला आ रहा है। मैंने उनसे इसके विषय में पूछा तो उनका उत्तर था, ''उन्हें आनंद लेने दो। वह इतने बड़े हो चुके हैं कि उन्हें इस बात की पूरी समझ है कि उनके और उनके परिवार के लिए क्या अच्छा और क्या बुरा है।''

एक और कहानी। एक बार अमेरिका के जनरलों ने तत्कालीन राष्ट्रपति अब्राहम लिंकन से शिकायत की कि जनरल ग्रांट पीने के बहुत शौकीन हैं। लिंकन ने कहा कि वे इस बारे में अगले दिन बात करेंगे। लिंकन एक बुद्धिमान व्यक्ति थे। उन्होंने इस मामले पर सोचने के लिए पूरा समय लिया और खुद को दूसरों के स्थान पर रखकर देखा। उन्होंने इस बारे में काफी सोचा और अगले दिन मीटिंग में पूछा, ''जनरल ग्रांट शराब का कौन सा ब्रांड प्रयोग करते हैं? हो सकता है कि वे इसकी वजह से ही लड़ाइयाँ जीतते हों। अगर ऐसा है तो क्या मुझे आपके पास हर महीने उसकी पेटी भेजनी चाहिए?''

निष्कर्ष यह है कि यदि आपके पति एक अच्छे उपलब्धिकर्ता और अच्छे इनसान हैं तो उन्हें धीरे-धीरे शराब से विमुख करें। प्रतिदिन भद्दे दृश्य प्रस्तुत न करें।

शादी के लिए 'खुल जा सिम-सिम'

: 21 :

अपने ससुरजी का आदर करें

भारत में शादी में यदि कोई 'OPEN SESAME' यानी कि 'खुल जा सिमसिम' दरवाजा है तो वह यही है—जब एक पत्नी अपने पति के पिता को समर्पित भाव से चाय पिलाती है। यह तभी संभव है जब वह अपने ससुर को भगवान् मानने लगती है। सैकड़ों महिलाओं में से एक ही इस तरह काम कर सकती है; लेकिन हर पत्नी को कम-से-कम 'ध्रुव तारे' तक पहुँचने की कोशिश तो करनी चाहिए।

किसी भी अच्छे पति को जीवन की इस उदारता को अपना खजाना समझना चाहिए। 'क्या सीन होता है', जब वह अपनी पत्नी को ऐसा काम करते हुए देखता है। यह परम आनंददायक और आशीर्वाद की स्थिति होती है।

: 22 :

बच्चों को अनुशासित करने में अपने पति की मदद करें

आपके पति एक अनुभवहीन पिता हैं। वे छोटे-मोटे निर्णय नहीं ले पाते, जैसे कि वे यह निर्णय नहीं कर पाते कि जब आपका पुत्र अनाप-शनाप बोलता है तो क्या करना चाहिए? उन्हें यह निर्णय लेने में सहायता कीजिए कि इसका सही उत्तर एक थप्पड़ नहीं है। एक कड़क पिता न बनने का काम के लंबे घंटों से कोई संबंध नहीं है। उन्हें यह समझाएँ कि उनकी पहली प्राथमिकता काम और परिवार के बीच संतुलन कायम रखने की है।

हम एक ही जिंदगी जीते हैं, न कि दो अलग-अलग जिंदगियाँ। इसलिए अपने पति के लक्ष्य निर्धारित करके उन्हें समय की हिस्सेदारी करना सिखाइए। उन्हें यह बताइए कि आपके तथा बच्चों के साथ वे घर पर कितना समय गुजारें? कितने रविवार वे बच्चों के साथ पार्क में गुजारें? इस तरह से आप भविष्य की समस्याओं को हल कर लेंगी।

: 23 :

अपने पति के साथ महाराजा जैसा व्यवहार करें

जब भी आप अपने पति को महाराजा मानकर भोजन परोसती हैं तो संभावना है कि वे भी आपको मलिका नूरजहाँ मानकर व्यवहार करेंगे। अपनी खुद की खुशी के लिए अपने पति को संपूर्ण खुशी देना और संतुष्ट रखना अपने जीवन का उद्‍देश्य बना लें, ताकि वे विश्‍वास के साथ दुनिया का सामना कर सकें। सदियों से चली आ रही इस कहावत को प्रयोग में लाएँ कि 'प्रत्येक सफल व्यक्ति के पीछे एक पत्नी का हाथ होता है'—और वह पत्नी हाथ में चाकू लिये नहीं होती, बल्कि वह पति के पीछे रहकर उसका साथ देती है। आप भी ऐसा ही कीजिए।

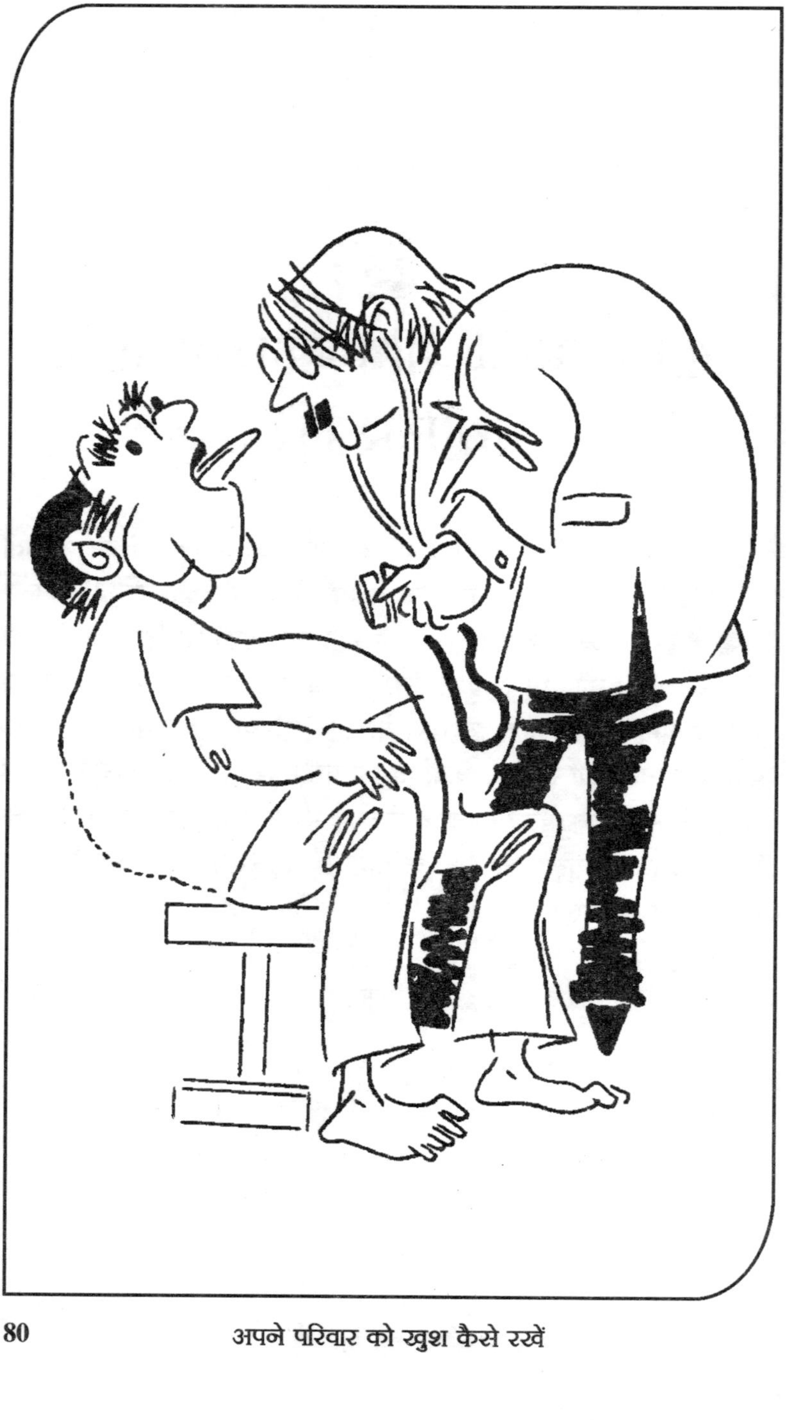

: 24 :

अपने परिवार को स्वस्थ रखें

आप अपना, अपने पति तथा बच्चों के स्वास्थ्य का ध्यान रखें। स्वास्थ्य में खराबी के कारण आपको और आपके प्रियजनों को अप्रसन्नता व दुःख का सामना करना पड़ सकता है।

अपने पति के साथ सुबह सैर करने जाएँ। उन्हें डॉक्टर के पास निरंतर चेकअप के लिए लेकर जाएँ।

यह याद रखें कि आप दोनों को अनेक वर्षों तक जीना है और इसलिए आपको अपने बुढ़ापे के बारे में अभी से सोचना चाहिए।

‘मेरे पति बैंगन
नहीं खाते!’

: 25 :

आपके पति को क्या खाना पसंद है, यह जानने का बेहतर तरीका

अनंत काल से पत्नियाँ इस बात के लिए चिंतित रही हैं कि अपने पतियों को खुश करने के लिए क्या पकाया जाए।

एक ऐसी पत्नी थी, जो बहुत सोचा करती थी। वह सुबह छह बजे उठ जाती थी और अपने पति के दोपहर में भोजन के लिए अच्छे-से-अच्छा खाना बनाती थी। वह इसके लिए बहुत परेशानियाँ उठाती थी। कई बार उसने पति की प्रतिक्रिया जानने की कोशिश की, लेकिन उसे कोई उत्तर नहीं मिला। वह जानती थी कि अन्य पतियों को अपने खाने का आदेश दूर से ही देना पड़ता था।

अंततः एक दिन सुबह तीन बजे उसके दिमाग में हलचल हुई। उसने एक ऐसा काम कर दिया, जो सोचा भी नहीं जा सकता था। शाम छह बजे तक उसने व्याकुलता से घंटी बजने की प्रतीक्षा की और बड़े उत्साह से दरवाजा खोला। उसका पति एकदम उग्र होकर गरजा, "तुम्हें क्या हुआ है?' उसकी पत्नी ने उसके कटाक्षों को काटते हुए शांत भाव से कहा, "प्रिय, पिछले दस वर्षों से मैं आपको विभिन्न प्रकार का भोजन दे रही हूँ और मुझे आपने नहीं बताया कि आपको क्या पसंद है और क्या नहीं। मुझे अफसोस है कि आपको मेरा बेकार भोजन पसंद नहीं आया। लेकिन प्रियतम, मुझे बताओ कि मैं आपके लिए क्या बनाऊँ?"

पति ने अपने पाँव जीमन पर टिकाते हुए जल्दी से इस पर खेद प्रकट किया और बोला, "आज मैं तुम्हारे लिए खाना बनाऊँगा या तुम्हें बाहर खाना खिलाने ले जाऊँगा।"

प्रतिक्रिया करने और जानने की प्रक्रिया कभी भी शुरू की जा सकती है। ऐसा कीजिए और प्रत्येक व्यक्ति के काम को आसान बनाइए।

आदमी का सबसे अच्छा दोस्त।

: 26 :

अपने पति को एक अच्छा कुत्ता लाकर दें

किसी भी व्यक्ति का अच्छा मित्र उसका कुत्ता भी हो सकता है। कुत्ता अपने 96 प्रतिशत समय में अपने मालिक की ओर ही आकर्षित रहता है। आपके पति खुश, व्यस्त और संतुष्ट रहेंगे। यहाँ तक कि वे अपने ऊपर आपके पुत्रों और पुत्रियों द्वारा कम ध्यान दिए जाने पर भी गौर नहीं करेंगे। कुत्ता उनके लिए प्रेरणा और प्रसन्नता का स्रोत बन सकता है।

अपने कुत्ते को प्रत्येक सुबह व शाम घुमाने ले जाने के लिए प्रोत्साहित करें। इससे आपके पति व कुत्ते, दोनों को ही ताजा हवा, कुछ व्यायाम और एक अच्छा साथी प्राप्त होगा।

उन्हें विशिष्ट तरह के उपकरण, जैसे बहुत सारे बटनों से युक्त फैंसी टेलीफोन या कंप्यूटर नोट बुक या ऐसी ही छोटी-छोटी चीजें लाकर दें, ताकि वे उनमें लगे रहें और खुद ही आनंद लेते रहें।

आप अपने स्वयं के साथ संबंधों को व्यर्थ न समझें,
अपने पति के छोटे-छोटे भावों की भी प्रशंसा करें।

: 27 :

अपने पति से दूर न रहें

अपने पति के संबंधों में दूरी न लाएँ। उन सभी अच्छे लमहों के बारे में सोचिए, जो आपने अपने पति के साथ बिताए थे। उन्हें यह कभी भी महसूस न होने दें कि बच्चों व घरेलू काम-काज में व्यस्त होने के कारण आपको उनके लिए समय नहीं मिल पाता।

उनसे झगड़ा न करें, न चिल्लाएँ और न ही उन्हें कष्ट दें। जब भी वे जल्दी में हों, उनके साथ घरेलू परेशानियों के बारे में बात न करें।

कुछ मधुर संगीत, मधुर प्रकाश, फूल इत्यादि का प्रयोग करें। उनके जीवन के बारे में पूछें, उनकी परेशानियों व उनकी सफलताओं के बारे में बात करें। उन्हें विश्राम करने दें और यह महसूस कराएँ कि आपको उनकी जरूरत है। उन्हें बातें करने दें तथा आप चुपचाप सुनें।

इस प्रकार आप अपने पति को महान् अनुभव कर सकती हैं।

□

भाग–2

आपकी पत्नी

मेरा अनुभव यह बताता है कि पति दो प्रकार के होते हैं—'गणेशजी की तरह' और 'गोबर गणेश की तरह'। 'गणेशजी की तरह' वाले पति अधिक सोचते हैं (बड़ा सिर), अधिक सुनते हैं (बड़े-बड़े कान)। प्रश्न पूछते हैं (छोटा मुँह), एकाग्रता अर्थात् ध्यान से देखते हैं (सँकरी आँखें) और धन्यवाद कहते हैं (लड्डुओं के लिए), सच बोलनेवाले हैं (कमल), अच्छे शब्द बोलते हैं (धूप), उनमें सहन-शीलता है (उठता हुआ हाथ) आदि। जिनके पास इन बातों में से कुछ भी नहीं है या थोड़ा बहुत है, वे पति 'गोबर गणेश' कहलाते हैं। इसलिए आओ, हम अपने में अच्छी आदतें डालें, अब भी समय है।

यह मानकर कि आपका जीवन 'पिचहत्तर वर्ष का है, इसमें दस वर्ष कम या अधिक हो सकते हैं' और उसके बाद यह भी मान लें कि व्यवसायी (बिजनेसमैन) होने की वजह से आपका विवाह पच्चीस वर्ष की आयु में हो जाता है। आप अपनी पत्नी के साथ पचास वर्ष तक होंगे (इसमें दस साल

हमारे बीच में हमेशा पूर्ण तालमेल की स्थिति होती है और जब कभी हम किसी बात पर असहमत होते हैं तो वह अपने रास्ते पर चल पड़ती है और मैं उसके रास्ते पर।

कम या ज्यादा हो सकते हैं)। इसलिए मैं इस विषय पर की गई अपनी रिसर्च को आप लोगों के साथ क्यों न बाँटूँ कि आप अपनी पत्नी को कैसे खुश रखें और अपना फायदेमंद साथी कैसे बनाएँ?

अपनी पत्नी को खुश रखने के लिए बात करना काफी चुनौतीपूर्ण कार्य है। यदि स्त्री के साथ पचास साल तक रहना है तो दोस्तो, यह बेहतर है कि आप उसे खुश रखना सीख जाएँ, क्योंकि आप भी तभी खुश रह सकते हैं। यह इस मामले में सबसे पहली सच्चाई है।

'रामायण' से हमें बहुत कुछ सीखने को मिलता है, जिसमें घरेलू परेशानियों से जुड़ी समस्याएँ भी हैं। आपको याद होगा, राजा दशरथ द्वारा कैकेयी को दिए गए दो वचनों ने उन्हें 'धर्म संकट' में डाल दिया था। इसके बाद स्वर्ण मृग यानी कि 'माया' का पीछा करते हुए भगवान् राम लंबी लड़ाई में फँस गए थे। यदि यह सबकुछ उनके साथ हो सकता है तो हम और आप क्या चीज हैं। लेकिन हम दूसरों की गलतियों से कुछ सीख सकते हैं। यह दूसरी सच्चाई है।

बहुत से पति यह महसूस करते हैं कि पत्नियों को कभी भी खुश नहीं रखा जा सकता। हो सकता है कि शादी के पहले तीन वर्षों में या रिटायर होने के बाद के वर्षों में उसे खुश रखा जा सके, जिसका मुझे अभी तक कोई अनुभव नहीं हुआ है। निस्संदेह एक राज की बात है, जो बहुत सीधी है और जिसके ऊपर आचरण करना भी बहुत आसान है। लेकिन मेरा खयाल है कि सर्वशक्तिमान भगवान् ने हमारे दिमागों को इसके विरुद्ध बनाया है। सर होमी मोदी के शब्दों में यह राज है—'हमारे बीच में हमेशा पूर्ण तालमेल की स्थिति होती है; पर जब कभी हम किसी बात पर असहमत होते हैं तो वह अपने रास्ते पर चल पड़ती है और मैं उसके रास्ते पर।' यह बात मुझे हेनरी फोर्ड के किस्से की याद दिलाती है, जो सत्तर वर्ष से ज्यादा की उम्र में अपने बेटे एडसल की मौत के बाद चाहते थे कि उनके मैनेजर फोर्ड कंपनी अपने अधिकार में लेकर चलाएँ। श्रीमती क्लारा फोर्ड ने इस बात पर उनको छोड़कर अपने माता-पिता के पास चले जाने की धमकी दी थी। इसका बहुत असर पड़ा। उन्होंने फैसला किया कि कंपनी का सारा काम उनका पोता हेनरी, जो उस समय अट्ठाईस वर्ष का था, देखेगा। बाकी सब तो हमारे

पत्नियाँ बिना पहले सोची हुई पार्टियाँ पसंद नहीं करतीं। उसे पार्टी की तैयारी के लिए पर्याप्त समय दें। याद रखिए, लोगों को बुलाने से पहले उससे सलाह कर लें। यह बात उसके लिए बहुत महत्त्वपूर्ण है।

लिए अब इतिहास बन चुका है।

मुझे आपके बारे में तो पता नहीं, लेकिन मुझे ऐसी पत्नी पसंद न होती जो सारे दिन घर बैठी बोर हो गई होती। प्रतिदिन मेरे दफ्तर से लौटने पर मुसकराते हुए स्वागत करती, मेरे द्वारा लाई गई हरेक साड़ी की प्रशंसा करती, चाहे वह उसे पसंद हो या न हो। क्या आप जानते हैं कि अमेरिका में ऐसे रेस्तराँ हैं जो 'घरेलू नाश्ते' का जोर-शोर से विज्ञापन करते हैं। ऐसे रेस्तराँ में थोड़े से जले हुए टोस्ट, कप से बाहर बहती हुई कॉफी, थकी हुई वेट्रेस आदि होते हैं, क्योंकि रिसर्च से पता चलता है कि कुछ दिन व्यावसायिक यात्रा करने के बाद कंपनी का अधिकारी अपनी पत्नी को याद करने लगता है और 'घरेलू नाश्ता' उसे उसकी पत्नी की याद दिलाता है। मेरे लिए वैवाहिक जीवन एक चुनौती है। हर दिन मुझे अपनी पत्नी को खुश रखने के प्रयास करने पड़ते हैं। मुझे पता है कि ज्यादातर लोगों के साथ भी यही होता है। यह तीसरी सच्चाई है।

चौथी सच्चाई यह है कि कुछ पत्नियाँ दुःखी रहकर खुश रहती हैं। यह हैरानी की बात है, लेकिन सच है। इसलिए इस बात से परेशान मत होइए कि आपकी पत्नी दिन में छह बार नाराज हो जाती है। कभी आपसे, कभी आपके बच्चों से, कभी नौकरी से तो कभी अपने ससुरालवालों से। इसके पीछे कारण यह है कि वह अपने वैवाहिक जीवन में एकरसता नहीं चाहती। पत्नियों का मनोविज्ञान इसी तरह का होता है।

इस मूल तथ्य को समझने के बाद हम आपकी पत्नी को खुश करने के कुछ बेहतर तरीकों की चर्चा करते हैं। इसके लिए आपको कुछ अच्छी आदतें सीखनी चाहिए। आइए, उनके बारे में चर्चा करें।

□

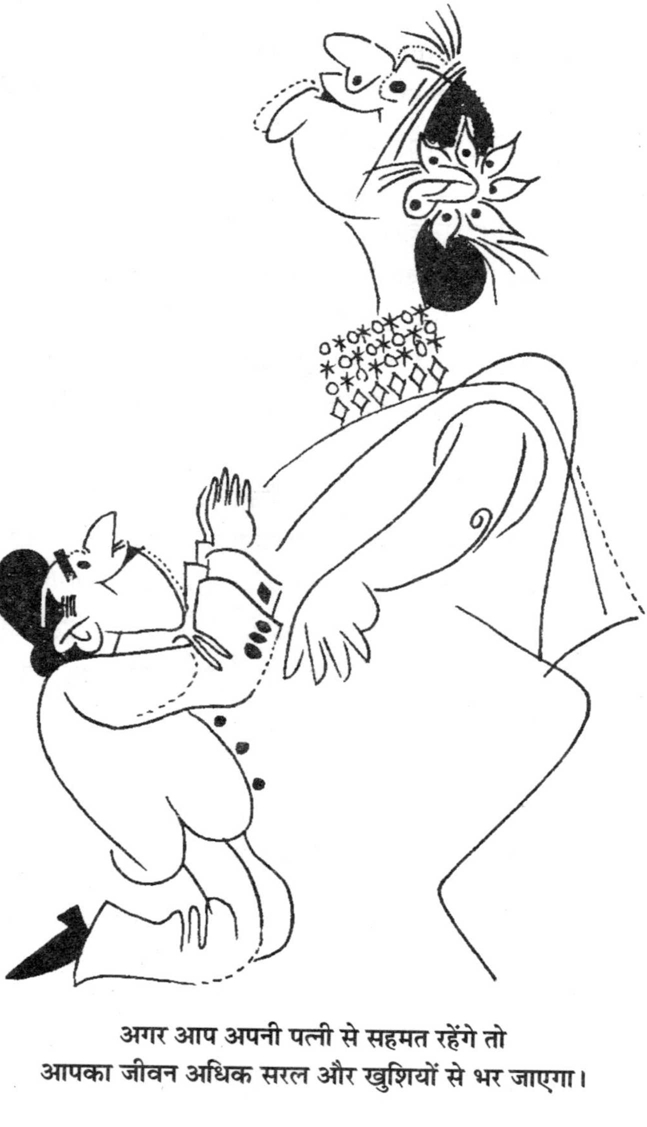

अगर आप अपनी पत्नी से सहमत रहेंगे तो
आपका जीवन अधिक सरल और खुशियों से भर जाएगा।

: 1 :

उसके साथ सहमत रहें

पत्नी के साथ सहमत होना जरूरी है; लेकिन वही करें, जो आप करना चाहते हैं और यदि उसे यह पता चल जाता है तो उससे माफी माँग लें। दस में से नौ बार तो उसे यह याद ही नहीं रहेगा कि उसने पहले क्या कहा था। यह एक कला है। अपनी पत्नी को खुश करना और खुश रखना विज्ञान नहीं, कला है। अगर वह विज्ञान होता तो एक अमीर व्यक्ति या तीन सौ कारें या नौ सौ फ्रीज बेचनेवाला डीलर कभी दु:खी नहीं होता; लेकिन सच्चाई इसके एकदम विपरीत है। यह वैवाहिक जीवन की एक और कटु सच्चाई है।

हर सुबह अपनी पत्नी से अपने लायक छोटे-मोटे कामों के लिए पूछिए और कहिए, 'मैं आपके लिए सबकुछ करने को तैयार हूँ।' उसे यह दिखाएँ कि आप उसका कितना ध्यान रखते हैं।

: 2 :

पहले वही करें, जो वह कहती है

साधारण सी बात है, सामान्य बुद्धि को (कॉमन सेंस) अपना सबसे अच्छा मित्र बनाएँ। उसके लिए छह ट्रैक्टरों की संभावित बिक्री के लिए किसी चीफ इंजीनियर को बुलाने से ज्यादा जरूरी काम आपकी बेटी की स्कूल अध्यापिका से मिलना है। इसलिए 'शेर और मच्छर' वाली तकनीक का प्रयोग करें। यानी कि यदि आप शेर को मारना चाहते हैं तो पहले अपने आस-पास के सभी मच्छरों को मारिए, क्योंकि इसके बिना आप अपना ध्यान केंद्रित नहीं कर सकते। उदाहरण के लिए, यदि आपके बच्चों के स्कूल की फीस जमा करानी है तो इस सिद्धांत का पालन करें, 'महत्त्वपूर्ण कार्यों को 'जरूरी' होने से पहले ही कर डालें।' स्कूल की फीस एक महीने पहले ही डिमांड ड्राफ्ट से भेज दें। ऐसे कामों में देरी होने के कारण मैंने कई परिवारों में लड़ाई होते देखी है। मेरे मामले में गेहूँ पिसवाने के काम में देर होने से हमेशा झुँझलाहट होती थी और मैंने किसी अन्य व्यक्ति को यह काम सौंपकर इस समस्या का समाधान किया।

अपना काम 'तुरंत कीजिए' वाला पैड तैयार रखें, उसपर लिख दें, ताकि आप भूलें नहीं। कभी-कभी आपकी बेटी के चेहरे की मुसकराहट एक अतिरिक्त मोटरसाइकिल के बिकने से अधिक संतुष्टि देती है या आपकी पत्नी के चेहरे की मुसकराहट एक कार की अतिरिक्त बिक्री के समान होती है।

आपकी गलती है या नहीं—माफी माँगना सीखें।

: 3 :

अपनी गलतियों को प्रेम से कबूल कीजिए

और आपको इससे निराशा नहीं होगी। यह मेरे और आपके बीच की बात है। मुझे बताइए कि यदि आपकी पत्नी किसी मामले में 70 प्रतिशत गलती पर है, फिर भी यदि आप उससे माफी माँग लेते हैं तो इसमें आपको क्या अंतर पड़ता है। यदि उसकी गलती 99 प्रतिशत है (जैसा कि अकसर होता है) तो भी उससे माफी माँगिए, उसे तुरंत अपनी गलती का अहसास होगा। असली बात तो यह है कि जीवन में यह बात अधिक महत्त्व नहीं रखती कि पति-पत्नी में से कौन गलत है और कौन सही, क्योंकि अंततः गलती से नुकसान तो दोनों को ही होता है। अगर पलटकर वह कभी-कभी आपसे माफी माँग ले तो क्या आपके कानों को यह आवाज संगीतमय नहीं लगेगी?

गलतियाँ ही सबसे अच्छे शिक्षक का काम करती हैं। इसलिए ऐसी प्रत्येक घटना से कुछ सीखिए, जिससे आप अपनी पत्नी को नाराज कर देते हैं। इस बात की खोज करें कि उसके नाराज होने के पीछे किसी खास समय कौन सा मूल कारण था। हो सकता है कि इसके पीछे कोई बेकार सा कारण ही, हो रहा जैसे—ईर्ष्या और बोर होने की भावना के कारण भी ऐसा होता है।

जब रिश्तों में तनाव आ जाए,
साथ चलना मुश्किल लगने लगे,
तब मुश्किलों में भी मुसकराइए।

: 4 :

मुसकराहट

मुसकराहट आपके चेहरे की सुंदरता बढ़ाने का सबसे सस्ता तरीका है। हँसेंगे तो दुनिया आपके साथ हँसेगी, रोएँगे तो आपके साथ रोनेवाला कोई नहीं होगा। हम मुसकराते इसलिए नहीं हैं कि हम खुश हैं, बल्कि हम खुश इसलिए होते हैं, क्योंकि हम मुसकराते हैं। 'मैं बहुत दुःखी थी कि मेरे पास जूते नहीं थे, जब तक कि मैंने गली में ऐसे व्यक्ति को नहीं देखा था, जिसके पैर नहीं थे।' जो कुछ भी हमारे पास है, उसके लिए हमें ईश्वर के प्रति आभारी होना चाहिए और उसका धन्यवाद करना चाहिए कि उसने हमें हर तरह के सुख दिए हैं। सोचिए, धन्यवाद दीजिए और मुसकराइए।

मुसकराहट संक्रामक रोग की तरह है। शुरू में वह आपके उद्देश्य पर हैरान होगी, लेकिन आप चिंता न करें—मुसकराहट को अपने दिल तथा दिमाग से बाहर आने दीजिए। हो सकता है, वह आपकी कुछ बेकार समस्याओं को न सुलझा पाए, पर आप घर में मुँह लटकाकर क्यों आते हैं? याद रखिए कि वह आपके मूड को और ज्यादा खराब कर देगी। अपने अच्छे दोस्तों के बारे में सोचिए—मेरे ऐसे दोस्त हैं, जिनके बारे में सोचने पर मुझे खुशी महसूस होती है और मैं उम्र में अपने आपको छोटा महसूस करता हूँ।

इसलिए अपने दिमाग के परदे के ऊपर यह बात अंकित रखिए —'मुसकराहट आपके चेहरे की सुंदरता को बढ़ाने का सबसे सस्ता तरीका है।'

अपनी पत्नी के कार्यों की प्रशंसा कीजिए,
फिर देखिए, इससे क्या फर्क पड़ता है।

: 5 :

निर्णय जल्दी लें और इसे जल्दी लागू भी करें

उदाहरण के लिए, मेरी पत्नी की दैनिक समस्याओं में जो कुछ भी हो सकता है। उसे वह अपनी माँ से विरासत में मिला हो या हो सकता है कि उसकी दैनिक समस्या इस प्रकार की हो, जैसे—रात के खाने में क्या बनाया जाए या कौन सी साड़ी पहनी जाए? पहले मैं अपनी पत्नी से कहा करता था, 'इसके लिए मुझे क्यों परेशान कर रही हो? यह तो इतना आसान है कि तुम एक सिक्का उछालकर फैसला ले सकती हो।' इस पर वह पागल भी हो सकती थी। मुझे समझदार बनने में वर्षों लगे, अतः मैं आपके साथ अपने राज बाँटना चाहता हूँ। अब जब भी वह मुझसे पूछती है, "रात के खाने में क्या बनाऊँ?" या ऐसी ही कोई बात, जो मेरे लिए साधारण होती है, लेकिन उसके लिए बहुत ही महत्त्वपूर्ण तो मैं उससे ही पूछ लेता हूँ, "बेगम, तुम क्या-क्या बना सकती हो?" और वह कुछ चीजें गिना देती है तो मैं कुछ गंभीर बनकर उनमें से कुछ चीजें उसे बनाने के लिए कह देता हूँ। अधिकतर यह तरीका कामयाब होता है।

निर्णय करना बहुत ही मुश्किल काम है। किसी प्रकार से वह अपनी मानसिक फ्लॉपी में आपका इतना अधिक ध्यान रखती है कि वह नहीं चाहती कि जो सब्जी आपने दिन के भोजन में खाई है, उसे रात के भोजन में भी दे। यह नादानी है, लेकिन औरत की यह आदत होती है। याद रखिए, वह आपका ध्यान रखती है और यदि आप उसके लिए निर्णय लेते हैं या निर्णय लेना आसान करते हैं, तो वह आपकी अधिक इज्जत करेगी। जिस औरत के साथ आपको चालीस से पचास सर्दियाँ गुजारनी हैं, उसके द्वारा दिया गया प्यार तथा इज्जत किसी सोने के तमगे, तरक्की या फिर कंपनी में मिली प्रसिद्धि से अधिक महत्त्वपूर्ण है।

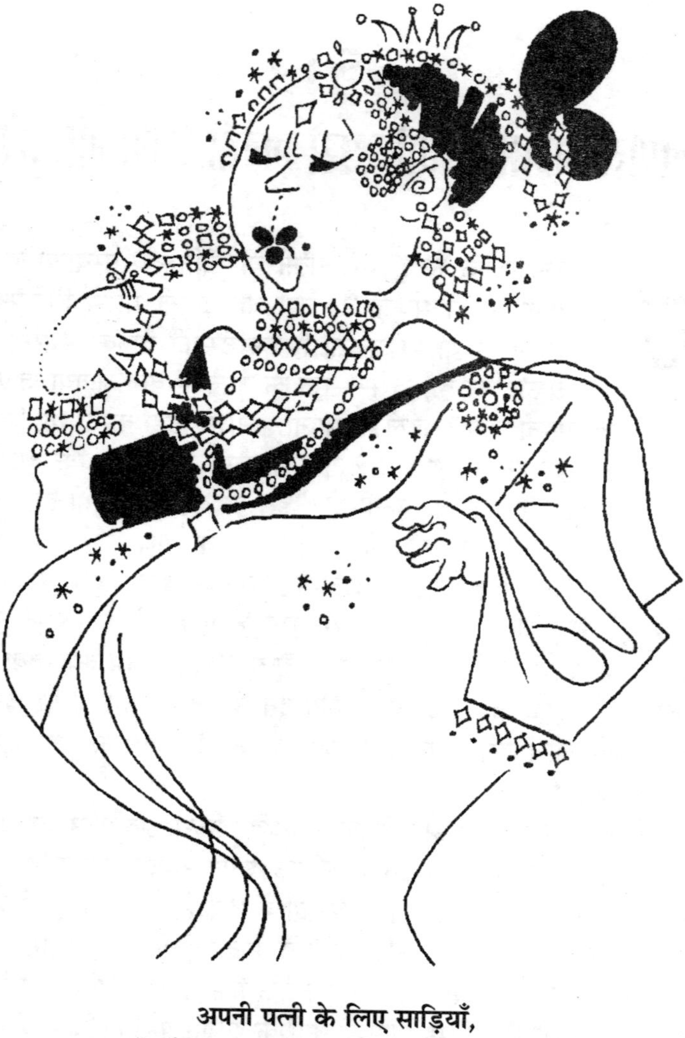

अपनी पत्नी के लिए साड़ियाँ,
गहने और मेकअप किट खरीदने की जरूरत नहीं।

: 6 :

पिग्मेलियन के तरीके पर चलें

माय फेयर लेडी' या 'मनपसंद' फिल्म को याद करें। यदि प्रो. हिग्गन छह महीने में फूल बेचनेवाली एक साधारण सी लड़की को चमकती-दमकती राजकुमारी बना सकते हैं तो मुझे विश्वास है कि आप उनसे भी अधिक अच्छे परिणाम हासिल कर सकते हैं, क्योंकि आपके पास बेहतर कुदरती चीजें (संसाधन) हैं। ग्रीस की पौराणिक कथाओं के अनुसार, पिग्मेलियन एक मूर्तिकार था, जिसने एक बार संगमरमर पत्थर से औरत की एक मूर्ति बनाई। उसे अपना काम इतना पसंद आया कि उसे उस मूर्ति से प्यार हो गया। उसका प्रेम इतना गहरा था कि सोते हुए भी वह उस मूर्ति के बारे में इतना अधिक सोचता था कि वह एक जीती-जागती औरत में बदल गई है।

अब एक बार यदि आप यह सोचना शुरू कर देते हैं कि आपकी पत्नी एक बहुत अच्छी पत्नी है, आपके बच्चों की अच्छी माँ और आपके खानदान की एक अच्छी बहू है, यदि आप लगातार यही सोचते रहते हैं तो एक दिन वह ऐसा ही बन जाएगी। उसके लिए साड़ियाँ, गहने और मेकअप किट खरीदने की आवश्यकता नहीं। याद रखिए, यदि एक बार आप अपनी सुनहरी जुबान और दिमाग को सही दिशा दे देते हैं तो आपकी पत्नी 'माय फेयर लेडी' बन जाएगी।

क्या आपने कभी सर्वगुण संपन्न सेब देखा है?
उसी प्रकार आपको सभी गुणों से भरपूर पत्नी (सेब)
नहीं मिल सकती। आप अपनी पत्नी में दोष ढूँढ़ने के
बजाय उसकी प्रशंसा करें।

: 7 :

एक परिपूर्ण सेब

क्या आपने कभी संपूर्ण गुणोंवाला सेब देखा है? हो सकता है कि आपने देखा हो, लेकिन बिना काटे किसी को क्या पता कि यह अंदर से कैसा है! हो सकता है कि यह अंदर से खराब हो। जब आप दागी सेब खरीदते हैं तो क्या सेब के उन दागों को चाकू से साफ कर देना ज्यादा आसान नहीं है? कृपया मुझे गलत मत समझिए। मैं केवल यह कह रहा हूँ कि जैसे आप कभी भी सभी गुणों से भरपूर सेब प्राप्त नहीं कर सकते हैं, उसी प्रकार सर्वगुण संपन्न पत्नी की भी आशा न करें।

आप अपने मानसिक चाकू का प्रयोग करके उसकी गंदी आदतों को साफ कर दें। आप उसे 96 प्रतिशत ज्यादा अच्छा पाएँगे। सौभाग्य से भगवान् ने हमारे दिमाग में जो मानसिक फ्लॉपी बनाई है, उसमें जो भी हम याद रखना चाहें, याद रख सकते हैं।

अपनी पत्नी के कार्यों की प्रशंसा खुले दिल से करें।
उसमें कंजूसी न बरतें।

: 8 :

अपनी पत्नी के साथ 'होली की अवधारणा' का अनुसरण करें

भगवान् श्रीकृष्ण ने गोपियों के साथ होली खेली थी, यह आज भी कितना रोमांटिक लगता है। आप भी ऐसा ही करें, लेकिन केवल अपनी पत्नी के साथ। कैसे? यह बहुत आसान है। उसकी प्रशंसा करनी शुरू करें और उसका एहसान मानें। उदाहरण के लिए, यदि वह आपके और आपके बच्चों के लिए नाश्ता बनाने के लिए सुबह छह बजे उठती है तो आपके शब्द ऐसे होने चाहिए, ''देवीजी, मैं बहुत खुश हूँ कि मैंने तुमसे शादी की, मैं ऐसी बहुत सी औरतों को जानता हूँ, जो नौ बजे से पहले कभी नहीं उठतीं।'' याद रखिए, उसे तीन बजे तक 'देवीजी' कहकर बुलाएँ और उसके बाद 'बेगम' या अन्य कोई ऐसा शब्द, जो आपको अच्छा लगे, कहकर बुलाएँ। संभव है, वह आपको 'देवताजी' या 'मेरे राजा' कहना और उसी के समान व्यवहार करना शुरू कर दे। एक बात पक्की है, यदि आप उसके प्रत्येक काम की प्रशंसा करते हैं तो यह मत सोचिए कि आपको भी इसी तरह का जवाब हर बार मिलेगा। लेकिन हमेशा इसके लिए कोशिश अवश्य करते रहें। याद रखिए, 'होली' खेलते समय अगर आप किसी पर सुगंधित या रंगीन पानी डालते हैं तो संभव है वह भी कुछ ऐसा ही करेगा; लेकिन वह इंजन में प्रयोग किया हुआ तेल तो आपके ऊपर कभी नहीं डालेगा। मेरा अपना अनुभव तो यह कहता है कि दिन में आप कम-से-कम छह बार इस नीति का प्रयोग करें, इसका उपयोग बहुत अधिक भी न करें। पत्नी की शुरुआती हैरानियों की ओर ध्यान न दें।

अपनी पत्नी को रजनी बनने के लिए प्रेरित करें।
कभी-कभी उसको प्रसिद्धि मिलने दें।
उसकी छिपी हुई खूबियों को उभारें।

: ९ :

उसे रजनी बनने के लिए प्रोत्साहित करें

कुछ स्थितियों में यह सही नहीं लग सकता, लेकिन यह संभव है। आखिरकार, यह इनाम योग्य कार्य है और आप उसे कर सकते हैं। अपने शहर में, पास-पड़ोस में या सामाजिक दायरे में आप महत्त्वपूर्ण व्यक्ति हैं। नहीं तो आप उस जगह पर नहीं होते, जहाँ आज आप हैं। तो क्यों न आप अपनी गरदन बाहर निकालकर देखें? कभी-कभी उसे अपने ऑफिस की नई व्यवस्था करने के लिए साथ लगाएँ। उसे हीरोइन (नायिका) बनने के लिए प्रोत्साहित करें और ऐसा करते रहिए। उसे अपने शहर की भलाई का कोई काम करने दें। उसे थोड़ी सी प्रसिद्धि भी मिलने दें। इससे काफी लाभ होगा। एक बार आप कोशिश करके तो देखिए।

जब भी आपकी पत्नी आप पर चिल्लाती है—आराम से सुनें।

: 10 :

जब पत्नी आप पर चिल्लाती है तो आराम से सुनते रहें

वह जानती है कि दुनिया में आप ही वह व्यक्ति हैं, जिसपर वह चिल्ला सकती है। यह आधुनिक जीवन का एक हिस्सा है। उसके लिए 'पंचिंग बैग' का काम कीजिए, वह आपके लिए अवश्य ही फायदेमंद साझीदार सिद्ध होगी।

जब आपकी पत्नी के सिर में दर्द हो,
उसे दवाई की आवश्यकता नहीं, उसे आवश्यकता है
एक फूल की और एक मुसकराहट की।

: 11 :

उसे कीमती उपहार नहीं, अपना समय दें

क्या आपके साथ कभी ऐसा हुआ है कि आप घर पहुँचे हों और आपकी पत्नी के सिर में बहुत तेज दर्द हो? आप क्या करते हैं, चिंतित होकर बड़ी मासूमियत से उसका हाल पूछते हैं। आप जब उसे डॉक्टर के पास चलने के लिए कहते हैं और अचानक वह रोना शुरू कर देती है, तब आप समझ नहीं पाते कि क्या हुआ? अनुभव से पता चलता है कि ऐसे समय में उसे डॉक्टर की जरूरत नहीं होती, बल्कि वह आपके ज्यादा समय की और फूलों की आशा रखती है। ऐसा क्यों होता है? पूरे दिन वह बच्चों की शरारतों और घर की छोटी-छोटी परेशानियाँ अकेले ही झेलती है। वह ऐसी सभी घटनाओं को इकट्ठा करती रहती है और जब आप अपने कार्य से देर से वापस आते हैं तो वह आपकी छोटी गलतियों पर भी आप पर बरस पड़ती है। उसके ऐसे गुस्से की ओर आप ध्यान न दें, क्योंकि भगवान् ने प्रत्येक औरत में ऐसा 'सेफ्टी वॉल्व' लगाया है। ऐसे समय में प्रेशर कुकर किस तरीके से काम करता है, उसका ध्यान करें और शांत रहें। थोड़ी देर में सब सामान्य हो जाएगा। जब कभी भी आपको मौका मिले तो आप उसे अपने दफ्तर में, मिलन-समारोहों तथा सम्मेलनों में साथ ले जाएँ। वह आपके कामों में अधिक रुचि लेगी और आप उसके 'हीरो' होंगे।

'धन्यवाद' शब्द सुनना बहुत अच्छा लगता है। फिर भी यह सभी पति जानते हैं कि पत्नी से धन्यवाद की आशा नहीं रखनी चाहिए। आप उसे हीरों का हार भेंट में देंगे तो वह हमेशा यही कहेगी कि उसे तो पन्नों से जड़ा हार चाहिए था।

: 12 :

उससे धन्यवाद की आशा न करें

मैंने अपने गुरु डेल कार्नेगी से इससे बेहतर सलाह कोई और नहीं सीखी है। ''यदि आपने अपने किसी रिश्तेदार को 10 लाख डॉलर दे दिए तो क्या आप उससे यह आशा रखते हैं कि वह आपके प्रति आभारी रहेगा? एंड्रयूज कार्नेगी ने ऐसा ही किया था। लेकिन यदि एंड्रयूज कार्नेगी अपनी मौत के थोड़े समय बाद कब्र से बाहर आया होता तो उसे यह देखकर धक्का लगता कि वह रिश्तेदार उसे कोस रहा है। क्यों? क्योंकि उसके रिश्तेदार के अनुसार बूढ़े एंड्रयूज ने 3,650 लाख डॉलर दान में दिए थे और उसके लिए केवल 10 लाख डॉलर ही छोड़े थे।''

सौभाग्य से एक बार मुझे अपनी पत्नी को एक महीने के लिए अमेरिका ले जाने का मौका मिला था। मैंने सोचा था कि मैं 'हीरो' बन गया हूँ, लेकिन मैं 'जीरो' ही निकला। कभी-कभी हीरे की अँगूठी के बजाय लंबी टहनीवाला गुलाब का फूल देने पर उसकी आँखों में कृतज्ञता झलक सकती है। इसलिए अपनी पत्नी से भी धन्यवाद की आशा न रखें, क्योंकि दूसरों के एहसान को लोग आसानी से भुला देते हैं। स्पष्ट रूप से मैं यह कहूँगा, यदि वह आपके प्रति आभार दिखाती है तो उसे वैवाहिक जीवन का एक तमगा समझें। जब भी आप अपनी पत्नी के लिए कुछ करते हैं तो इसे अपनी आंतरिक खुशी के साथ करें। आपके बच्चे, आपकी पत्नी और आपके दोस्त आपके लिए जो कुछ भी करते हैं, उसके लिए एहसानमंद हों। आशा है कि आपकी पत्नी को इससे ही कोई इशारा मिल जाए।

कभी-कभी 'नहीं' कहना सीखें।

: 13 :

कभी-कभी 'नहीं' कहना सीखें

बातचीत में हमेशा 'हाँ-हाँ' कहने से काम नहीं चलता। जरूरत पड़ने पर कभी 'न' कहना भी सीखें और जब कभी आप ऐसा करें तो 'अंगद' की भाँति बन जाएँ, क्योंकि दरबार में अंगद का पाँव कोई नहीं हिला सका था। ऐसे मौके पर आप 'जिब्राल्टर' की चट्टान की भाँति बन जाएँ। यह बात सिद्ध करने में समय लगेगा कि आप 'पति' हैं। दूसरे शब्दों में राजा के लिए लड़ें और अपने प्यादों को कुर्बान कर दें। यह कितना आसान और सामान्य ज्ञान की बात है।

अंत में, मैं यह कहना चाहूँगा कि यदि मैं कभी फोर्ड या रॉकफेलर की तरह अमीर बन जाता हूँ तो मैं 'पत्नी फाउंडेशन' नामक संस्था की स्थापना करूँगा। इसका एक ही उद्‌देश्य होगा—पत्नियों को प्रसन्न, और अधिक प्रसन्न तथा ज्यादा प्रसन्न करने के लिए भूल तथा प्रयोग (रिसर्च) करना।

: 14 :

अंत में, मैं तुमसे प्यार करता हूँ

अगर आप जिंदगी में खुशी चाहते हैं तो हर पल अपनी पत्नी से प्यार करना सीखें। आप उसे दिखाएँ और बताएँ कि आप उसे प्यार करते हैं। उसकी माँ से कहें कि आप उसकी बेटी को प्यार करते हैं।

याद रखें कि घर में प्यार तभी तक कायम रह सकता है, जब तक पति अपनी पत्नी के प्रति वे सब छोटे-छोटे कार्य विनम्रता से करता रहे, जो वह प्रणय के उन खुशी भरे दिनों में करता था तथा पत्नी भी इन कार्यों को उसी विनम्रता से स्वीकार करती रहे।

□

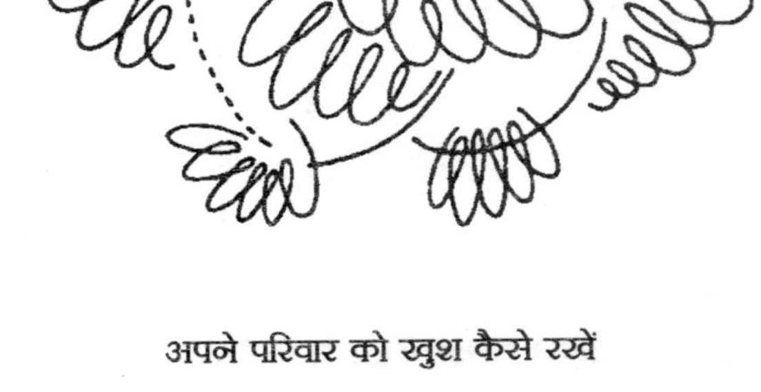

भाग–3

आपकी पुत्री

किसका प्रबंधन करना कठिन है? बेटी का।
किसका प्रबंधन करना बहुत कठिन है? बेटे का।
किसका प्रबंधन करना अत्यंत कठिन है? पत्नी का।
किसका प्रबंधन करना सर्वाधिक कठिन है? स्वयं का।

आप अपनी बेटी का प्रबंधन करने के योग्य तभी हो सकते हैं, जब स्वयं और अपनी पत्नी पर भली प्रकार से प्रबंधन कर पाएँ। यह बहुत महत्त्वपूर्ण बात है।

अपनी पुत्रियों को उन्नत बनाने में हमें द्वितीय विश्वयुद्ध की यह घटना याद रखनी चाहिए। यह पर्ल हार्बर में अमेरिकन नेवी के वापस होने के कुछ साल बाद की घटना है। एक नया जहाजी बेड़ा जापानियों का सामना करने के लिए भेजा गया और जहाज का एडमिरल अपने 'मेस' में बड़ा ही निश्चिंत था। पत्रकारों द्वारा उससे पूछा गया कि जब उसके

कुत्तों के दोस्त होते हैं,
क्योंकि वे जुबान की जगह दुम हिलाते हैं।

आदमी समुद्री युद्ध के लिए समुद्र में गए हैं तो वह इतना निश्चिंत कैसे है?

एडमिरल ने शांति से जवाब दिया, "श्रीमान, अपनी सर्वोत्तम योग्यता से मैंने अपने आदमियों को सिखाया, उनको सुसज्जित किया और उनको लड़ाई संबंधी सभी सूचनाएँ दीं। मैं जितना अधिक अच्छा कर सकता था, मैंने किया। अब जबकि मेरे आदमी समुद्र में गए हैं, इस संसार में ऐसा कुछ नहीं है, जो मैं इस बारे में और कुछ कर सकता हूँ कि सिवाय व्यर्थ चिंता करके तनावग्रस्त होने के।"

इसलिए हमारी लड़कियाँ जहाजों की तरह होती हैं, जिन्हें एक बार समुद्र में जाना पड़ता है। उन्हें स्वयं को जीवन के आघातों से बचाना होगा। हम सदैव उनके साथ नहीं रह सकते।

इसलिए वे जब तक हमारे साथ हैं, उन्हें अच्छी शिक्षा दीजिए। हमें ऐसा कुछ नहीं करना चाहिए, जिससे कि उन्हें शर्मिंदा होना पड़े। हम जो कुछ भी पढ़ते, लिखते व सोचते हैं, वे सब विचार उनके साथ बाँटने चाहिए। हमें अपने से बड़ों का आदर करना चाहिए, जिससे कि हमारे बच्चे भी इसी प्रकार करें। वास्तव में हम जो कुछ भी करते हैं, हमें याद रखना चाहिए कि हमारी पुत्री हमें देख रही है। हो सकता है, हम गलतियाँ करते हों, कभी छोटी और कभी बड़ी। परंतु हमें 'मुझे खेद है' कहने के लिए सदैव तैयार रहना चाहिए—शब्दों से भी और कर्म से भी। हमें इस बारे में चिंता नहीं करनी चाहिए कि अन्य पिताओं की तरह हम उन्हें कश्मीर या गोवा की सैर या बी.एम.डब्ल्यू. कार से उन्हें स्कूल-कॉलेज नहीं छोड़ सकते। किंतु जब वे आहत होती हैं तो हम उनको धैर्य दे सकते हैं। हमें केवल यह निश्चित करना चाहिए कि उन्हें अपने जीवन में सबसे अधिक खुशियाँ मिलें। जब उनको ठोकर लगे, आप उन्हें सहारा दें। उन्हें यह अहसास होना चाहिए कि जब भी उनकी आँखों में आँसू आएँगे, उनको पोंछने के लिए आप उनके साथ होंगे।

मैं यह कभी भी नहीं कहना चाहता कि मैं बच्चों के विकास के विषय में विशेषज्ञ हूँ; परंतु मैं अपने अनुभव आपके साथ बाँटना चाहता हूँ, ताकि आप उनसे स्वयं निष्कर्ष निकाल सकें। मेरे ये विचार आपकी अपनी सोच के लिए प्रथम बिंदु की भाँति कार्य करेंगे।

बधाई! मेरी प्रिय, आज तुमने मुझे
एक बेटी का गर्वित पिता बनाया है।

याद रखें, हम में से कई यह चाहते हैं कि हम अपना सर्वस्व बच्चों के भविष्य के प्रति समर्पित कर दें; लेकिन हम काफी देर बाद यह महसूस करते हैं कि हमने इस विषय को गंभीरता से लेने में काफी समय गँवा दिया है।

कभी-कभी माता-पिता को एक-दूसरे का दायित्व निभाना पड़ता है। इस पुरानी कहावत को याद रखें, जो सच है—

तुम्हारा बेटा केवल तब तक तुम्हारा बेटा है
जब तक वह एक पत्नी प्राप्त नहीं कर लेता है।
तुम्हारी बेटी, जब तक उसका जीवन है,
तब तक तुम्हारी बेटी है।

□

जो धन आपके हृदय में होता है,
वह कभी भी चुराया नहीं जा सकता।

अध्याय-1

माँ और बेटी

बेटियाँ वैसी ही होती हैं जैसी उनकी माँएँ। जैसी माँ वैसी ही बेटी।

जैसे-जैसे अपनी बेटी बड़ी होती है, उसमें 'आत्म-सुधार' की विधियाँ प्राकृतिक रूप से विकसित होनी शुरू हो जाती हैं, जो उसमें शिक्षा, प्रशिक्षण, अनुभव द्वारा आती हैं और उनमें से अधिकांशत: आपके दिन-प्रतिदिन के निरीक्षण से उसमें विकसित होती हैं।

एक स्त्री होने के कारण कभी-कभी वह अपनी 'आत्म-सुधार' की विधि, जो उसमें शिक्षा, प्रशिक्षण और प्रतिभा के कारण आई है, बड़ी होने पर वह उसे भी विकसित करती है।

अब आप अपनी बेटी को जो बनाना चाहती हैं, स्वयं भी अपने विचारों, कार्यों और अनुभवों के द्वारा वैसी बनकर दिखाएँ।

अपनी बेटी से नौ कदम आगे चलें, ताकि वह आपके कदमों का अनुसरण कर सके।

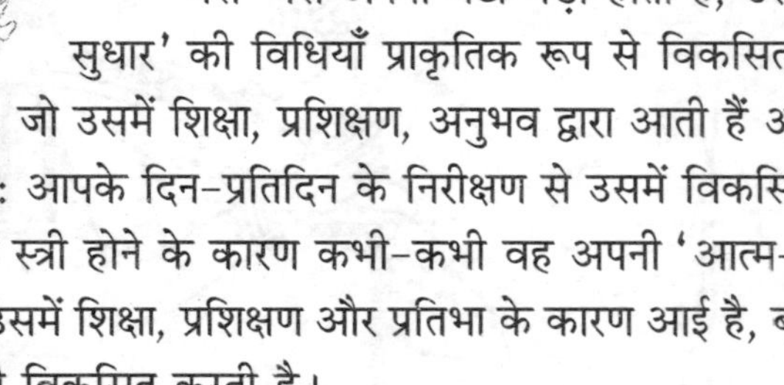

जब आपकी बेटी आपको अपने ससुरालवालों का
आदर करते हुए देखती है तो अपना समय
आने पर वह यही सब करेगी।

पहला कदम
ससुरालवालों की इज्जत करें

ससुरालवालों की इज्जत करना बहुत मुश्किल कार्य है, लेकिन मुझ पर विश्वास करें कि यह सबसे ज्यादा लाभदायक भी है। इसकी भरपूर कोशिश कीजिए और यह सोचकर कीजिए कि यह आप अपनी तरफ से ही कर रही हैं। साधारण भाग्य होने पर भी दिन में आपको कम-से-कम छह बार संतोषजनक शाबाशी तो मिल ही जाएगी। अपने आपको ससुरालवालों के स्थान पर रखकर देखिए और फिर अपने व्यवहार का परीक्षण कीजिए। आप जितनी नम्र और अच्छी बन सकें, उतनी बनिए।

परंतु जब आपको यह महसूस होने लगे कि ऐसा व्यवहार करने से आप दया की पात्र बन गई हैं या फिर कमजोर हो गई हैं, तो आप इसपर रोक लगा दीजिए।

अपने ससुरालवालों की इज्जत करना एक अच्छा गुण है, जिसकी प्रेरणा आप अपनी बेटी को दे सकती हैं। यह गुण उसके साथ जीवन भर रहेगा। यह सबसे बेहतर 'दहेज' है, जो आप उसे दे सकती हैं।

एक साधारण मुसकराहट सबसे ज्यादा महँगी
साड़ी से कहीं अधिक बेहतर है।

दूसरा कदम
कृपया मुसकराइए

एक साधारण मुसकराहट सबसे महँगी बनारसी साड़ी से भी कहीं अधिक बेहतर है। याद रखें कि हम मुसकराते इसलिए नहीं हैं कि हम खुश हैं, बल्कि हम खुश इसलिए हैं कि हम मुसकराते हैं। वे लोग जो खुलकर मुसकराते हैं, प्राय: सकारात्मक विचारों और अशांत स्थितियों को खत्म करके अपनी मुसकराने की आदत में और अधिक सुधार करते रहते हैं। अपनी बेटी को भविष्य में अच्छा प्राणी बनाने के लिए एक सुखदायी प्रबंध, जो आपने अपनी बेटी में बचपन से कूट-कूटकर भरा है, करने में अपना महान् योगदान दें।

आत्मसम्मान से संतोष एवं
आंतरिक शांति प्राप्त होती है।

तीसरा कदम

आत्मसम्मान

आप अपने बारे में क्या सोचते हैं, इससे अधिक महत्त्वपूर्ण यह है कि अन्य लोग आपके बारे में क्या सोचते हैं। किसी को भी सबसे पहले आत्मसम्मान की बात स्वयं से शुरू करनी चाहिए और मेरी नजर में ईमानदारी अब भी सबसे अच्छी नीति है। लगभग दस वर्ष पहले की बात है, मेरे मित्र स्व. आनंद सिंह चौहान फोर्ड में परचेजिंग का काम देखते थे। उन्होंने कहा था, ''कोई भी व्यक्ति या तो ईमानदार होता है या बेईमान। इन दोनों के बीच में कोई और स्थिति नहीं होती।'' इसमें मैं वह जोड़ सकता हूँ, जो अमेरिकी कहते हैं, ''कोई भी स्त्री या तो गर्भवती हो सकती है या नहीं हो सकती।'' और इस संदर्भ में विमल कंपनी का एक विज्ञापन काफी मायने रखता है। उसमें कहा गया है कि ''एक मिस्त्री एक चिपकू दार्शनिक से कहीं अधिक बेहतर है। एक लिफ्ट चलानेवाला, जो अपना काम मुसकराकर करता है, ऐसे चेयरमैन से अधिक बेहतर है, जो अपने निर्णय लेने में देरी करता है।'' इसी को काम की श्रेष्ठता का आनंद कहा जाता है।

अब आपकी बेटी को इस सच्चाई से अवगत करा देना आवश्यक है कि वह पत्नी, माँ, बेटी और बहू के रूप में अपनी श्रेष्ठ भूमिका से ही आनंद प्राप्त कर सकती है। अकसर मैंने मुसकराते और दमकते चेहरे उन महिलाओं के अधिक देखे, जो किसी काम-धंधे में लगी हुई हैं।

इसका कारण बहुत आसान है। प्राय: ऐसी महिला भी, जो तीस हजार रुपए मासिक कमा रही हो, इस बारे में चिंतित रहती है कि कहीं उसके नौकर ने 'चीनी' तो नहीं चुरा ली है, उसकी आया बच्चे को दूध देने के बजाय खुद तो नहीं पी रही है। इसी प्रकार की और कई बातें हैं। वह वैज्ञानिक रूप से अपने व्यवसाय में अधिक बुद्धिमान हो सकती है, लेकिन अब भी वह चाबियों का गुच्छा अपनी कमर में ही लटकाना चाहती है।

आपकी बेटी आपका प्रतिरूप है,
उसके लिए अच्छा उदाहरण बनिए।

चौथा कदम
अच्छे उदाहरण प्रस्तुत करें

अपनी बेटी को जिंदगी के तमाम पहलुओं को समझने दीजिए। उसे चिल्ला-चिल्लाकर समझाने की कोशिश मत कीजिए, बल्कि खुद उदाहरण बनकर उसे समझाइए।

आपकी बेटी आपका ही प्रतिरूप है और उसका अपना मानसिक एंटीना आपकी मानसिक तरंगों से जुड़ा है। वह अपने आपको देखती है, महसूस करती है, सूँघती है और बहुत नजदीक से अनुभव करती है।

कोई औरत अमीर और शक्तिशाली पुरुष के प्रति अच्छी हो सकती है, परंतु एक आम विनम्र व्यक्ति के प्रति अच्छा बनना ही वास्तव में जीवन है। एक अच्छी माँ अपनी बेटी को अच्छे संस्कार ही सिखाती है।

आपकी पुत्री हमेशा आपको देखती है—अपने कानों व आँखों द्वारा। उसका आपसे लगाव, जितना आप समझती हैं उससे कहीं ज्यादा है। ईमानदारी, पवित्रता, सच्चाई, अच्छा व्यवहार, मधुर भाषा—ये सब कार्य वह आपसे सीखती है। उसकी भलाई के लिए उसके सामने एक आदर्श व अनुकरणीय जीवन व्यतीत कीजिए।

स्वयं आजमाकर अपनी बेटी को
आत्मनियंत्रण के बारे में सिखाएँ।

पाँचवाँ कदम
क्रोध पर नियंत्रण कीजिए

क्रोध एक ऐसी महँगी विलासिता की वस्तु है, जिसे केवल वे महिलाएँ ही अपना सकती हैं, जिनके पास साधन बहुत हैं। यह किसी भी व्यक्ति के अनुचित विकास का चिह्न है। इसे अपने से दूर रखें। अपनी बेटी को इसके बारे में बताएँ और जो उदाहरण आप उसके सामने प्रस्तुत कर सकती हैं, करें। जब तक उसके दिमाग में यह बात न बैठ जाए, उसे समझाती रहिए। जैसे—यदि आपका नौकर चाय में एक चम्मच चीनी फालतू डाल देता है तो गुस्सा मत कीजिए। हालाँकि कई मूर्ख महिलाएँ ऐसा करती हैं। क्या इस बात पर गुस्सा करने का कोई फायदा है? सोचिए एक बेटी जो बड़ी हो रही होती है, जब वह अपनी माँ को अपने नौकर पर एक के बाद एक चीजें फेंकते हुए और चिल्लाते हुए देखती है तो वह भी बड़ी होकर यही सब करती है।

ईर्ष्या के चिह्नों को ढूँढ़ें। यदि आप पाते हैं
कि आपकी बेटी अपने मित्रों के अधिकारों से ईर्ष्या
रखती है, तो आप इस हरी आँखोंवाले दैत्य का
विनाश कर दें, इससे पहले कि वह आपकी बेटी
के जीवन का नाश कर दे।

छठा कदम

हरी आँखवाले दैत्य का नाश कीजिए

गुस्से की भाँति ईर्ष्या भी मानव स्वभाव का एक हिस्सा है और यह महिलाओं में कुछ ज्यादा पाई जाती है। सौभाग्य से, इसे अच्छे विचारों, अध्ययन व विश्लेषण से काफी हद तक कम किया जा सकता है। टी.वी. देखते समय अपने दिमाग की 'सोचने' की खिड़की खोलकर बैठिए और इससे कुछ सीखिए। अपने आस-पास के समाज की ऐसी कहानियाँ और घटनाएँ अपने मित्रों, घर व स्वयं के अनुभव द्वारा खोजिए, जिनसे पता लगता हो कि ईर्ष्या के क्या दुष्परिणाम होते हैं।

'डिपस्टिक' विधि का प्रयोग कीजिए—अर्थात् जैसे आप इंजन के तेल के स्तर की जाँच करते हैं, वैसे ही ईमानदारी से अपनी जाँच कीजिए। ऐसा प्रतिदिन करने की आदत डाल लीजिए।

जब आपकी पुत्री आपको प्रसन्न तथा संतुष्ट देखेगी तो वह भी अपने आपको इस अवस्था में ही रखना चाहेगी।

आज रात सोते वक्त डैडी ही तुम्हें कहानी सुनाएँगे।
मम्मी एक क्लब की सभा को संबोधित करने में व्यस्त हैं।

सातवाँ कदम
कहानी सुनाना

अच्छी कहानियों के द्वारा आपकी पुत्री को जीवन के प्रति सकारात्मक दृष्टिकोण अपनाने में मदद मिलती है, जिससे उसके मित्रों की संख्या बढ़ती है। कहानियाँ, विशेषकर छोटी कहानियाँ, जैसे पंचतंत्र की कहानियाँ आदि विचारों की शुरुआत करने का सर्वोत्तम साधन हैं और जब भी आप अपने लक्ष्य से इधर-उधर होने लगती हैं तो ये लालबत्ती का कार्य करती हैं। मेरे खयाल से ऐसी सौ कहानियाँ बहुत हैं; लेकिन जब आपकी बेटी बड़ी हो रही हो तो भी उसे ये कहानियाँ सुनाते रहें। उदाहरणत:, कौए और पत्थरों की कहानी, चूहे और शेर की कहानी तथा रामायण की सामान्य कहानियाँ। आनेवाले वर्षों में ये उसकी कॉलेज की शिक्षा से अधिक महत्त्वपूर्ण काम करेंगी।

अपने पति पर न झुँझलाएँ,
विशेषकर अपनी पुत्री के सामने।

आठवाँ कदम

झुँझलाना

अपने पति पर अपनी बेटी के सामने न झुँझलाएँ और यदि हो सके तो अकेले में अपनी बेटी के सामने अपनी इस गलत आदत को स्वीकारते हुए उसे बताएँ कि आप इससे छुटकारा पाने की कोशिश कर रही हैं। आप अपनी बेटी की नजरों में एक 'नायिका' बन जाएँगी। अपनी गलतियाँ मानने से आप और समझदार बनती हैं—जरा कोशिश करके देखिए।

झुँझलाना आपकी गलत सोच, प्राथमिकताओं की गड़बड़ एवं मस्तिष्क की गलत सोच का परिणाम है। यह हमारी आदत पर निर्भर है कि हम छोटी-मोटी बातों को बड़ी-बड़ी बातों में बढ़ा-चढ़ा लेते हैं। ऐसा तब होता है जब हमारी नजरों में एक छोटा सा चूहा भी विशालकाय पशु बन जाता है। ऐसा मेरे साथ भी हुआ है। मैं सलाह देना चाहूँगा कि आप भी स्वयं कोशिश कीजिए और जाँच कीजिए। आप 'स्वयं के विकास' से संबंधित पुस्तकें पढ़ते रहें। उनमें लिखी बातों पर सोचिए, अपने भूतकाल का स्मरण कीजिए और 'यदि ऐसा हो जाए...' जैसे भय से बचें।

अपनी बेटी को प्रतिदिन के घरेलू कामों में मदद करने के लिए प्रोत्साहित करें। उसे जीवन की वास्तविकता से अवगत कराएँ, जैसे कि बैंक जाना, बिजली का बिल जमा करना और चिट्ठियाँ डाक में डालना। वह मानसिक रूप से बहुत तेजी से विकसित होगी।

नौवाँ कदम

उसे निर्णय लेना व लागू करना सिखाएँ

सभी के लिए निर्णय लेना व लागू करना ही जीवन है—जब हम उठते हैं तो क्या पहनें, क्या खाएँ तथा ऐसी ही और भी कई बातें हैं, जिनके बारे में हमें निर्णय लेना पड़ता है। हम में से कई, जब हम अपनी बेटियों को अत्यधिक संरक्षण देते हैं तो वास्तव में हम उनकी हानि कर रहे होते हैं। माँओं को तब यह गहराई से जान लेना चाहिए कि बेटियों को 'कितनी आजादी व धन देना है।' यहाँ इससे आसान कोई रास्ता नहीं है। इसी में संपूर्णता दिखाई देती है।

एक बेहतर रास्ता है कि अपनी बेटी को अपने घर से बाहर गलतियाँ करने और उनसे सीख लेने के लिए भेजिए तथा घर में उसके द्वारा किए गए कार्यों के लिए उत्साहित कीजिए।

आज के समय में औरतों को अपने निर्णय खुद लेने चाहिए। वे उन्हें लागू भी करें—शुरू में ये निर्णय भले ही 'आलू' की किस्म के (यानी छोटे-मोटे) लगें, परंतु अब वे बड़े-बड़े निर्णय ले सकती हैं, जैसे—कपड़े खरीदना, गृह-निर्माण का सामान खरीदना, कार खरीदना, घर खरीदना, फ्रिज खरीदना और कई बड़ी व छोटी चीजें। यदि बेटी इस ओर जल्दी शुरुआत करती है और आप उसे निर्णय लेने व लागू करने के बीच का अंतर बताती हैं तो वह बेहतर निर्णय लेना और उन्हें लागू करना सीख सकती है। उसे पहले छोटे निर्णय और बाद में बड़े-बड़े निर्णय लेने के बारे में बताएँ, क्योंकि जिंदगी में ये सब निर्णय लेने पड़ सकते हैं।

अध्याय-2

पिता और पुत्री

अपने बच्चों को पाल-पोसकर बड़ा करना बहुत महत्त्वपूर्ण और कठिन कार्य है, जो कि हम सभी को करना पड़ता है। यह एक ऐसा कार्य है, जिसे हम सभी स्वीकारते हैं, यद्यपि हमें इसका बहुत कम अनुभव होता है। इसके लिए हमने कोई प्रशिक्षण भी नहीं लिया होता।

अपनी पुत्री के बढ़ते कदमों के पीछे अपने कदम रखिए—उसे साहस, आत्मविश्वास, सहायता, सही मार्गदर्शन और सहारा दें, जो कि वह चाहती है।

एक पिता को अपनी पुत्री से पाँच कदम पीछे चलना चाहिए, ताकि बेटी के ठोकर खाने की स्थिति में वह उसे सँभाल सके।

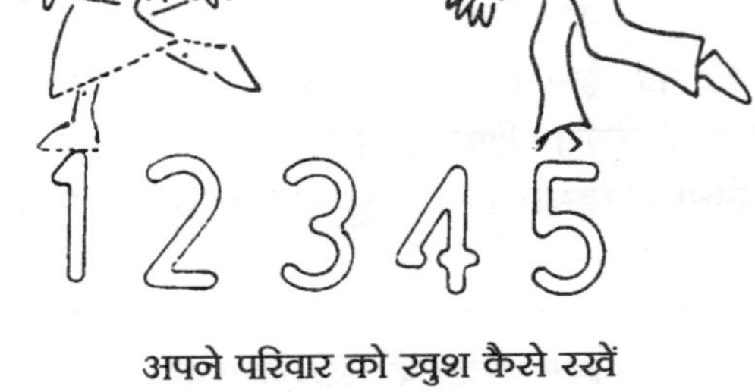

शिक्षा समृद्धि का गहना है। अपनी बेटियों को प्यार एवं पैसे से खरीदी जा सकने वाली सर्वोत्तम शिक्षा दें। इसे कोई भी उनसे नहीं ले सकता, कभी भी। इससे वे सदैव खुशहाल व संपूर्ण बनेंगी।

पहला कदम
उसे सर्वोत्तम शिक्षा दें

अभी हाल ही में मेरी अपने एक सहयोगी से उसकी पुत्री के बारे में बहस छिड़ गई, जिसने अपनी स्कूल की शिक्षा पूरी कर ली थी और अब कंप्यूटर सीखने के लिए कृतसंकल्प थी। वह अपनी बेटी को कंप्यूटर शिक्षा के लिए भेजने के बारे में बहुत सोच रहा था और यह उम्मीद करता था कि दो या तीन साल में वह बारह हजार से पंद्रह हजार रुपए तक की नौकरी प्राप्त करके कॉलेज में खर्च होनेवाले दो-तीन साल भी बचा लेगी।

मेरे विचार से यह सब जिंदगी से रोमांच निकाल फेंकने जैसा है। मेरे खयाल से कॉलेज जीवन से बच निकलना चालाकी की बात है, लेकिन यह कोई समझदारी नहीं है।

मैं वास्तव में नहीं जानता कि हम ऐसा क्यों चाहते हैं कि हमारे बच्चे जल्दी बड़े हो जाएँ और जब वे पीछे मुड़कर देखें तो उन्हें पछतावा हो। कुछ माता-पिता अपने तीन साल के बच्चों को स्कूल भेज देते हैं और उनके ऊपर इतना बोझ लाद देते हैं कि उन्हें बीमारियाँ घेर लेती हैं। आपको मुझ पर विश्वास नहीं होगा—क्या होता है? मैं आपको बताता हूँ, जब मेरी छोटी लड़की आठ वर्ष की उम्र में तीसरी कक्षा में पढ़ रही थी, वह स्वयं कह रही थी, लेकिन मेरी तरफ देख रही थी, ''पापा, आपकी किस्मत अच्छी है। आप घर आते हैं तो चाय पीते हैं, टी.वी. देखते हैं, पत्रिकाएँ पढ़ते और सोते हैं। आपको कोई चिंता भी नहीं है। मुझे देखो, मुझे होमवर्क करना पड़ता है,

जब मैं बड़ा होऊँगा तो वायु सेना के लिए विमान उड़ाऊँगा।
जब मैं बड़ी होऊँगी तो अपने पिता का व्यापार सँभालूँगी।

अगले दिन के लिए अपना बस्ता तैयार करना होता है। मुझे मम्मी और अपनी अध्यापिकाओं से डर लगा रहता है कि कहीं परीक्षा में मेरे नंबर कम न आ जाएँ।''

एक डीलर मित्र ने मुझसे एक बार जिक्र किया था, ''एक दिन शाम को जब मैं घर पहुँचा तो मेरी पुत्रवधू मेरी पोती को डाँट रही थी कि उसने 95 प्रतिशत की जगह 85 प्रतिशत अंक क्यों प्राप्त किए। इधर मैं उसके साथ खेलने का विचार बना रहा था।''

मेरे लिए शिक्षा वह है, जब आपकी बेटी अपने दादा-दादी के साथ, अपने अंकलों के साथ, अपने दोस्तों इत्यादि के साथ खेल सके। मुझे अपनी बेटी का 60 प्रतिशत अंक प्राप्त करना और हर शाम छह बार हँसते हुए देखना उसके द्वारा 95 प्रतिशत अंक लेने और अंतर्मुखी होने से ज्यादा अच्छा लगेगा।

अपनी पुत्री को अपना व्यवसाय स्वयं चुनने दें—चाहे वह डॉक्टरी, कंप्यूटर, विज्ञान, ड्रेस डिजाइनिंग या कैटरिंग हो।

उसे पुस्तकें पढ़ने, संगीत, खेल व अन्य रुचियों से प्यार करने में मदद करें। उसके लिए अच्छे चलचित्र, नाटक, प्रदर्शनियों, कलात्मक चित्रशाला तथा स्कूल के साथ कैंपिंग आदि में जाने का प्रबंध करें।

इस प्रकार वह एक संपूर्ण जीवन व्यतीत करेगी।

यदि आपकी बेटी एक शिष्ट, अच्छा तालमेल बिठानेवाली नवयुवती बनती है तो इसका अर्थ यह है कि आप अच्छे माता-पिता बनने में सफल हो गए हैं।

दूसरा कदम
सफलता क्या है?

'सफलता' एक ऐसा शब्द है, जिस पर काफी बहस हो चुकी है। ऐसे व्यक्ति, जो बाहर से तो काफी खुश दिखाई देते हैं, लेकिन वास्तव में अंदर से काफी दुःखी और अभागे होते हैं। यह एक मानसिक दृष्टिकोण का सवाल है, जो बाहरी सफलता पर नहीं बल्कि इस बात पर निर्भर करता है कि कोई व्यक्ति क्या सोचता है।

अपनी पुत्री को सांसारिक व्यवहार से समझदार बनाने में सहायता करें—लोगों को समझने, उनके बारे में जानने और भविष्य में दूर तक देखने के लिए भगवान् शंकर की 'तीसरी आँख' का उपयोग करने के बारे में बताएँ। आपकी बेटी यह सब कॉलेज में नहीं सीख सकती, बल्कि आपसे और किताबों से ही सीख सकती है। उसके साथ अपने अनुभव और विचार बाँटिए तथा उन किताबों के महत्त्वपूर्ण हिस्से उसे दिखाइए, जो आपने उसके लिए पढ़ी हैं।

उसे घर चलाने का 'क, ख, ग' सिखाइए। उसे टेलीफोन, बिजली और अन्य बिलों का भुगतान करने के लिए भेजिए। उसको अपना एक अलग बैंक खाता चलाने दीजिए। घर की वार्षिक मरम्मत में उसे भी शामिल कीजिए। उसे छोटी-छोटी गलतियाँ करने दीजिए और जब वह अपना काम कर चुके तो उसे इसको दोबारा करने को कहिए। अच्छी व बुरी दोनों स्थितियों में उसका साथ दीजिए।

अपने बच्चों को नई और रुचिकर परिस्थितियों का सामना करने दें और उन्हें अच्छे तथा परिपक्व वयस्क बनते हुए देखें।

उसे कुछ दिन संयुक्त परिवार में बिताने दीजिए और कुछ दिन ऐसे परिवार में, जहाँ पति-पत्नी दोनों काम पर जाते हों। उसे कुछ दिन किसी बड़े शहर में, कुछ दिन किसी छोटे कस्बे में या किसी फार्म हाउस तथा गाँव में भी बिताने दीजिए।

अपनी बेटी को शहर की अन्य महिलाओं, जैसे आपकी मित्रों, सेनाधिकारियों, कंपनी के अधिकारियों, बैंक अधिकारियों और सरकारी अधिकारियों की पत्नियों से बातचीत करने दें, उसे सभी प्रकार के भिन्न-भिन्न अनुभव प्राप्त करने दें।

उसे कार्यानुसार भिन्न-भिन्न मार्गों की तलाश करने दें, जिससे वह सही कार्य को चुनने में समर्थ बन जाएगी। सोचने-समझने की प्रक्रिया के दौरान उसे मदद दीजिए। प्रायः आपकी बेटी गुड़ियों के साथ खेलती है और डॉक्टर की भूमिका अदा करती है। शायद वह बड़ी होकर वास्तविक रूप में एक डॉक्टर बनना चाहती है। अगर वह वास्तव में डॉक्टर नहीं बन सकती तो इसके परिणाम भयंकर हो सकते हैं। इसलिए अपना लक्ष्य प्राप्त करने में आप उसकी सहायता करें।

दूर के रिश्तेदार होने से पास के
दोस्त होना ज्यादा अच्छा है।

तीसरा कदम

उसके लिए 'शॉक एब्जॉर्बर' बनिए

कभी-कभी पिताओं के लिए बेटियों से रिश्ता उलझन भरा होता है। प्राय: अपनी माँओं से उनका संबंध आसान व सुलझा हुआ होता है; किंतु कभी-कभी उनको पिताओं से वार्त्तालाप करना कठिन लगता है। परंतु आजकल समय बदल गया है, पिता भी माता के समान ही बच्चों की परवरिश में बराबर के भागीदार हैं।

इसलिए यह सुनिश्चित कर लें कि आपका उससे दो-तरफा संवाद होना चाहिए। यह मुश्किल तो है, पर असंभव नहीं है। उसे यह विश्वास दिलाइए कि आप उसके साथ हैं। जिंदगी के कई ऐसे पहलू हैं, जिन पर वह अपनी माँ के बजाय आपसे बात करना पसंद करेगी। ऐसे महत्त्वपूर्ण अवसरों पर उसका साथ दें। याद रखिए, दो-तरफा संवाद प्रक्रिया में केवल शब्द ही नहीं, खामोशी भी कई बार चमत्कार कर सकती है। उसकी बात सुनें, शायद कई बार ऐसा समय आता है जब वह अपने दिल का बोझ हलका करना चाहती है और अपने अंत:विचारों को प्रकट करना चाहती है।

मैं प्रत्येक रविवार को अपनी बेटी को 'ट्यूशन' के लिए ले जाता हूँ। ड्राइविंग में निकलनेवाला यह एक घंटा हम दोनों के बीच बातचीत का बेहतर साधन है। मैं उसे यह अनुभव कराता हूँ कि अपनी रविवार की छुट्टी खराब होने का दोष उस पर मढ़ने के बजाय मुझे इस बात की खुशी होती है कि मैं रविवार की सुबह उसकी शिक्षा के लिए गुजारता हूँ। इसे आजमाएँ। आप व आपकी बेटी दोनों को इससे लाभ ही होगा।

माँओं का आदर करना एक ऐसी महत्त्वपूर्ण बात है,
जो एक पिता अपनी बेटियों के लिए कर सकता है।

चौथा कदम
बेटी की भलाई के लिए पत्नी का आदर करें

यदि आप अपनी बेटी को अच्छी शिक्षा देना चाहते हैं तो इसके लिए अपनी पत्नी का आदर करना बहुत महत्त्वपूर्ण है। मैंने अपनी पत्नी का आदर करने का एक आसान रास्ता ढूँढ़ा है। मैंने उसकी अच्छी आदतों और अच्छे व्यवहार की एक सूची बनाई है। यह ठीक है कि उसमें कुछ बुरी आदतें व कटु व्यवहार थे, जो विवाह के कुछ वर्ष बाद उजागर हुए। तब मैंने एक बुद्धिमान व्यक्ति की तरह जीवन में अच्छी बातों को देखना तथा बुरी बातों को नजरअंदाज करना शुरू कर दिया। खामोशी बोलती है। मेरी बेटियाँ भी इस बात के लिए मेरा आदर करती हैं। वे अपनी माँ का भी आदर करती हैं, क्योंकि मैं उसका आदर करता हूँ। मैंने महसूस किया है कि उसका आदर करने के लिए मुझे इस बात का इंतजार करने की आवश्यकता नहीं है कि वह कोई महान् कार्य करे। मैं उसका आदर उसके छोटे-छोटे कामों को महानता से किए जाने पर भी कर सकता हूँ।

खामोशी, सब्र, गुस्से पर नियंत्रण, चिल्लाना नहीं और के.एफ.पी. के सिद्धांत को अपनाकर, इस तरह स्वयं पर नियंत्रण रखकर मैंने एक तीर से तीन पक्षियों का शिकार किया है।

बच्चों से झूठ बोलना और निरर्थक बात करना एक महान् भूल है। तब, जबकि उनकी निरीक्षण व विवेकशक्ति जाग्रत् हो रही होती है और उनमें कुछ जानने की अभिलाषा होती है।

पाँचवाँ कदम

उपदेशक न बनकर कर्मयोगी बनें

प्रत्येक धर्म हमें बताता है कि अच्छा इनसान कौन है? वही जो ईमानदार, सच्चा और निष्कपट हो। मेरा खयाल है, जब भी उससे एक टालने योग्य टेलीफोन कॉल करने या अपने दफ्तर के 'पैड' का कागज प्रयोग करने के लिए डाँटता हूँ या एयरपोर्ट से वापस आते समय टैक्सी ड्राइवर द्वारा अधिक पैसे माँगे जाने पर 'मालिक' के पैसे बचाने के लिए उससे लड़ता हूँ तो मैं उसके लिए एक उदाहरण प्रस्तुत कर रहा होता हूँ। जितना संभव हो सके उतना ईमानदार, सच्चा और निष्कपट होने की कोशिश कीजिए, तब भी यदि आपकी पत्नी और बेटी आप पर हँस रही हों तो वे केवल ऊपर से आप पर हँस रही होती हैं, क्योंकि वे अंदर से आप पर गर्व कर रही होती हैं।

अकबर की कहानी याद रखें—एक बार अकबर को इत्र की एक शीशी भेंट में मिली। उसे लगाते समय एक बूँद फर्श पर गिर गई। अकबर एकदम नीचे झुके और उस स्थान को अपनी उँगलियों से रगड़ दिया। अचानक उन्होंने गौर किया कि बीरबल ने उन्हें ऐसा करते देख लिया है, इसलिए अकबर बड़े व्याकुल हो उठे। अगले दिन अकबर ने अपने दरबार में घोषणा की, "फव्वारों में छह दिन के लिए इत्र भर दिया जाए।" अकबर ने देखा कि बीरबल पर इस घोषणा का कोई असर नहीं हुआ। उन्होंने बीरबल से कहा कि वह इसका कारण बताए। सलाम करने के बाद बीरबल ने उत्तर दिया, जिसे केवल सम्राट् अकबर ही समझ सके, "बूँद से गई इज्जत हौज से नहीं आती।" (एक बूँद से गई इज्जत को फव्वारे भरने से वापस नहीं लाया जा सकता)।

अध्याय-3
शबरी के बेर

राम-लक्ष्मण वन में भ्रमण कर रहे थे और दोनों भाई जब पंपा नदी के पश्चिमी किनारे पर पहुँचे तो उन्हें बूढ़ी संन्यासिन शबरी मिली। इस भेंट के लिए उसने फल इकट्ठे कर रखे थे और वे सब उसने श्रीराम को भेंट किए। शबरी प्रत्यक्ष रूप से काफी आनंदित थी, क्योंकि वह केवल इसी क्षण के लिए जी रही थी।

अचानक लक्ष्मण ने देखा कि बेरों का कुछ भाग खाया हुआ है। उन्होंने सतर्कता से यह बात अपने भाई को बताई। इस पर राम ने लक्ष्मण को बताया कि उन्हें अति उत्तम वस्तु भेंट की गई है—इस पृथ्वी के सबसे मीठे फल।

इसी प्रकार प्यारी माताओ और पिताओ, अपने तरीके से मैंने भी आपके लिए ऐसा ही किया है। आप इन तमाम तरीकों को जीवन में अपना सकते हैं।

□

छोटी आयु से ही अपनी बेटी को दयालुता के
सरल कार्यों का महत्त्व बताएँ।

अपने बच्चों को प्रकृति की विशाल सुंदरता के बारे में बताएँ
कि एक दूर गाँव के घनघोर अँधेरे में सितारों से भरा आकाश।

एक लड़की को यदि अपनी इच्छानुसार कार्य करने की अधिक छूट देंगे तो वह बिगड़ जाएगी। अपनी बेटी का पालन-पोषण करते समय प्रेम एवं अनुशासन को समान मात्रा में मिलाना सीखें।

माँ के द्वारा बेटी को पहचानें।

अपनी पुत्री को दोनों लिंगों (स्त्री एवं पुरुष)
के मित्र बनाने के लिए प्रोत्साहित करें।
अच्छी मित्रता एक दुर्लभ और कीमती वस्तु है।

माता-पिता सोचते हैं कि उनके बच्चे, विशेषकर बेटियाँ अपनी मासूमियत को जहाँ तक संभव हो बनाए रखें। यदि बातचीत करने व चुप रहने में एक का चुनाव करना हो तो सदैव बातचीत करना ही चुनें। यद्यपि यह अधिक कठिन है। अपनी बेटी के साथ संवाद के स्त्रोत खुले रखें।

बुरे व्यवहार के लिए खाने की मेज पर बच्चों पर कोई प्रतिबंध न लगाएँ। भोजन का समय एक उत्तम अवसर है और खाने की मेज यह जानने का एक उत्तम स्थान है कि तुम्हारी बेटी के जीवन में क्या घटित हो रहा है। उससे पूछें कि स्कूल में क्या घटनाएँ घटीं तथा उसने स्कूल में क्या किया।

बच्चों को पढ़ाई व स्कूल के अत्यधिक बोझ के नीचे लादने की अपेक्षा उन्हें अपने बचपन का आनंद लेने दीजिए।

अपनी बेटी को छोटे-छोटे दैनिक कार्यों में शामिल करें।
उसे बाजार ले जाएँ और उसे भी बहस व मोल-भाव करने दें।

बच्चों को पढ़ाई व स्कूल के अत्यधिक बोझ के नीचे लादने की अपेक्षा उन्हें अपने बचपन का आनंद लेने दीजिए।

अपनी बेटी को छोटे-छोटे दैनिक कार्यों में शामिल करें। उसे बाजार ले जाएँ और उसे भी बहस व मोल-भाव करने दें।

यदि आप अपने बच्चों को समीप रखना चाहते हैं,
तो उन्हें बाहर भी जाने दें।

आप अपनी बेटी के भोजन बनाने संबंधी सभी प्रयोगों को झेलने के लिए प्रथम व्यक्ति होंगे। जले हुए बरतनों और लोहे की तरह सख्त केक होने के बावजूद उसे प्रोत्साहित करें।

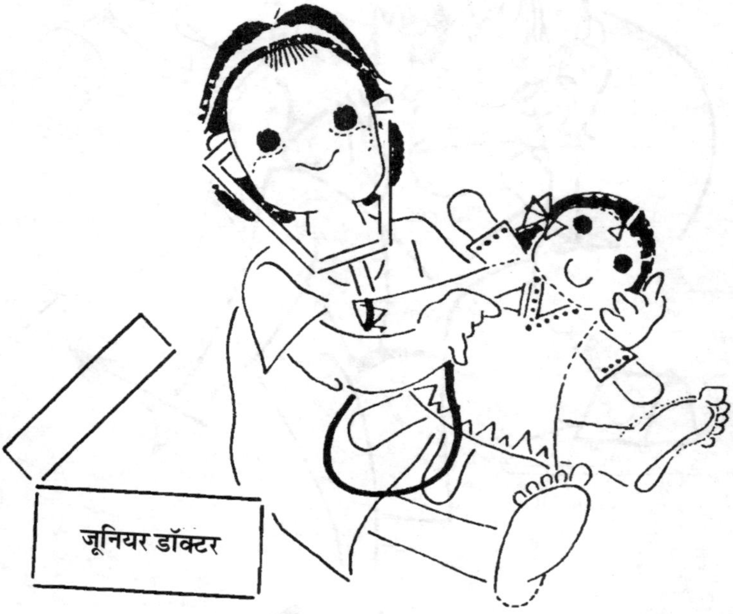

अपनी बेटी को प्रोत्साहित कीजिए। उसके सपनों को साकार करने में उसकी मदद कीजिए। यदि वह एक डॉक्टर, इंजीनियर, पायलट बनना चाहती है तो हर प्रकार से उसको उत्साहित करें।

जैसे-जैसे आपकी बेटी बड़ी होती है और एक नवयुवती बनती है, तो टेलीफोन उसका परम मित्र बन जाता है और आपका सबसे बड़ा शत्रु। उस पर चीखें-चिल्लाएँ नहीं और उसकी शिकायत अपनी पत्नी से न करें। इसके अतिरिक्त उसका ध्यान इस बात पर दिलाएँ कि फोन पर कभी न खत्म होनेवाली गपशप समय और धन की बरबादी है तथा दूसरी महत्त्वपूर्ण कॉलें भी होल्ड रहती हैं।

ओह! कृपया बिल के बारे में ध्यान न दें।
मैं इसे हमेशा अपने सहायक-खर्च खाते से वसूल कर सकती हूँ।

यदि आपकी बेटी कई अवसरों पर आपके धन के प्रति उदारता को नहीं समझ पाती तो उसे छोटी अवस्था में ही सुधार दें। अपने बच्चों को पैसे का सदुपयोग करने में मदद कीजिए। वे अमीर हैं, परंतु पैसे उनके लिए भी पेड़ों पर नहीं लगते।

जैसे-जैसे आपकी बेटी बड़ी होती है, वह कुछ अनुचित मित्र बना सकती है। अपनी बेटी के आत्मविश्वास को दबाएँ नहीं। अपने व्यवहार व शब्दों से उसे विश्वास में लें कि आप उसे दिल से चाहते हैं और उसे यह महसूस होने दें कि आप दोनों में से आप ही बुद्धिमान हैं। उसे आप अपनी सलाह से प्राप्त लाभों का अनुभव करने दीजिए और साथ ही अपनी सलाह की उपेक्षा करने से होनेवाले अदृश्य संकट का भी।

नवयुवक और नवयुवतियों द्वारा अपना साथी स्वयं चुनना
एक बहुत बुरा फैसला माना जाता है।

अपनी पुत्री के लिए उत्तम व योग्य वर चुनने के लिए
अपनी शक्ति अनुसार प्रयत्न करें, परंतु उसकी
भावनाओं का भी आदर करें।

माँ की भूमिका निभाना आसान कार्य नहीं है। यहाँ ऐसे बहुत से तरीके नहीं हैं, जिनसे हम यह जाँच सकें कि हम इस कार्य को कितनी कुशलता से कर रहे हैं। जो हम कर सकते हैं, उसे सर्वोत्तम ढंग से करें। अंत में हमारा बच्चों पर नियंत्रण कम हो जाता है, इसके लिए हमें प्यार, अनुशासन और विश्वास से अपने बच्चों को नियंत्रित करना चाहिए।

थोड़ी सी दयालुता को भी न भूलें
और छोटी सी भूल को याद न रखें।

जन्म से आठ वर्ष के बीच आपकी बेटी को
चार बातें समझनी चाहिए—
1. प्यार, 2. अनुशासन, 3. आदर और 4. मिलसारिता

'जन्मदिन की बधाई!'

अगर आप और आपकी पत्नी उसे यह सब सौ महीनों में सिखा पाते हैं तो आप यह आशा कर सकते हैं कि वह बड़ी होकर एक अच्छी हस्ती बनेगी।

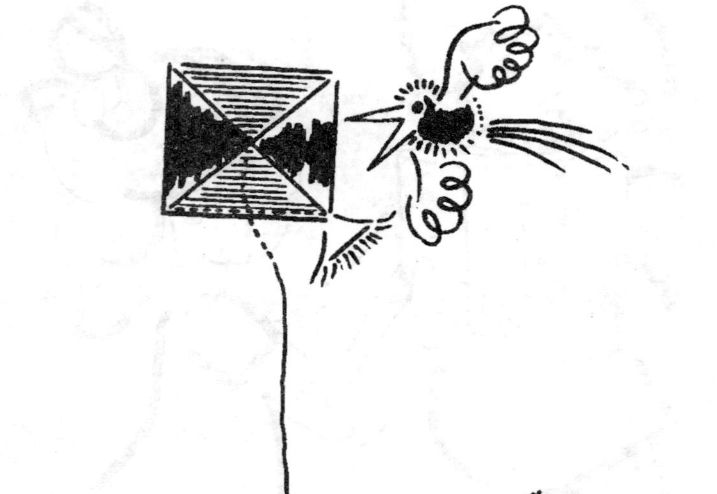

भाग-4

आपका पुत्र

एक पुत्र को सँभालना और सँवारना रामायण व महाभारत के दिनों से ही एक कठिन सा कार्य रहा है। असंभव को खूबसूरत तरीके से संभव करना ही चुनौती है।

इस पुस्तक का चौथा भाग मेरी 'नौकरी के दौरान मिले प्रशिक्षण' और तीस वर्षों के अनुभव, अध्ययन व सहयोगी पिताओं के साथ तूफानी चर्चाओं का नतीजा है। इसका परिणाम है—एक ताजा और नए नजरिए से इस मुद्दे को देखना, अपने आपको इस विषय पर नवीनतम जानकारियों से युक्त करना या तुरंत अध्ययन करना। इसे आप 'अपने पुत्र को जीवन में कैसे ऊपर उठाएँ और खुशी प्राप्त करें' कुछ भी नाम दे सकते हैं। यहाँ बताए गए सभी तरीके आसान हैं, जिन्हें आप आज ही से आजमाना शुरू कर सकते हैं। अपने पुत्र को प्रत्येक क्षेत्र में और प्रत्येक काम के लिए अच्छा बनाने की शुरुआत कभी भी की जा सकती है—यहाँ तक कि फिलहाल वह किसी भी काम के लिए ठीक न हो तब भी।

अपने पुत्र को जीवन में ऊँचा उठाना सभी कामों में सबसे अधिक महत्त्वपूर्ण और मुश्किल काम है। यह एक ऐसा काम है, जिसे हम स्वीकार कर लेते हैं, यद्यपि हमारे पास बहुत थोड़ा अनुभव और कोई औपचारिक प्रशिक्षण नहीं होता।

अपने पास एक पुत्र का होना बहुत खुशी की बात है और जब किसी कारण से यह 'बैक फायर' करने लगता है तो यह बहुत गहरी पीड़ा देता है। पुत्र को काबू रखने के मामले में कोई निश्चित नियम लागू नहीं होते, न ही यह 2+2=4 की तरह का कोई समीकरण है और न ही यह विज्ञान की बात है। पुत्र को ऊँचा उठाना मुख्य रूप से एक कला है, ऐसी कला—जिसमें अभ्यास और धैर्य से ही कोई व्यक्ति पारंगत हो सकता है।

मेरे लिए धृतराष्ट्र और दुर्योधन एक ओर के उदाहरण हैं और दशरथ व राम दूसरी ओर के। आप अंततः दुर्योधन या राम हासिल कर सकते हैं और यह सब आप पर निर्भर करता है कि आप एक पिता के रूप में छोटी उम्र में अपने बच्चे को किस तरीके से सबकुछ सिखाते हैं। यह कहा जा सकता है कि पुत्र क्या बनता है, इसका 'क्रेडिट और डेबिट' पिता को मिलना चाहिए। निश्चय ही पुत्र को विकसित करने में पिता का महान् योगदान है, किंतु माँ भी इसमें महत्त्वपूर्ण भूमिका अदा करती है। अपने पुत्र को सँवारने में एक पिता की महान् भूमिका होती है। इसके लिए आत्मनियंत्रण, धैर्य और ऐसे काम करने में बुद्धिमानी की आवश्यकता होती है, जो ऊपरी तौर पर क्रूर दिखाई देते हैं, लेकिन आवश्यक होते हैं। पिता को ऊपर से नरम और अंदर से कठोर होना चाहिए, विशेष रूप से इसलिए कि माँएँ पुत्र की हर इच्छा को, चाहे वह अनुचित भी हो, पूरा करने की कोशिश करती हैं।

अपने बेटे को हर काम के लिए अच्छा बनाने के लिए इन आसान तरीकों में आपको हड़कंप मचानेवाली कोई नई चीज नहीं मिलेगी। यह केवल इस बात के स्वआकलन की त्रैमासिक जाँच सूची है कि आप एक पिता के रूप में कैसा काम कर रहे हैं। यह आपको वह सब काम करने के लिए भी एक सूत्रधार का काम करेगी, जो आप दोनों को मिलकर सही दिशा की ओर बढ़ने में सहायक हो।

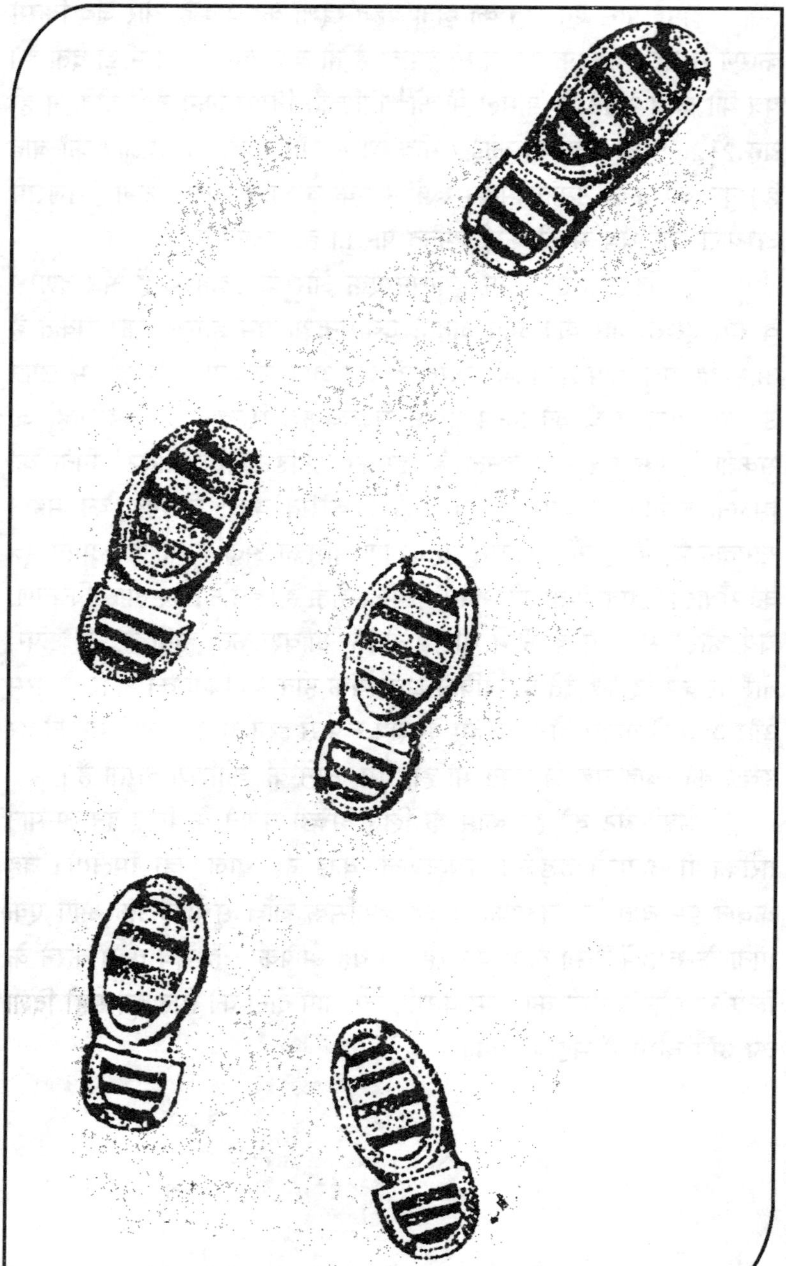

अध्याय-1

अपने पुत्र के जूतों में चौदह कदम चलिए

अगर आप अपने पुत्र की 'रक्षा' अपनी संपत्ति की भाँति नहीं करेंगे, उसे आगे नहीं बढ़ाएँगे तो वह आपकी संपत्ति की जगह दायित्व बन जाएगा। इस बात को बड़ी आसानी से समझा जा सकता है।

आपका पुत्र 'संपत्ति' बनता है या 'दायित्व', यह 70 प्रतिशत आप पर तथा 30 प्रतिशत भाग्य पर निर्भर करता है।

क्या आपने स्वयं से शिकायत की है या प्रश्न किया है कि आपका पुत्र आपको समझ नहीं रहा है? अगर ऐसा है तो यह सोचकर या कल्पना करके देखिए कि आपका पुत्र भी आपके लिए ऐसा ही सोचता है। आप दोनों के बीच संवाद (बातचीत) की दूरी है और आपको इसी को मिटाना है।

संवाद (बातचीत) की दूरी इस तथ्य से उत्पन्न हुई है कि आपके पुत्र के सामने किसी तरह की कोई चुनौती नहीं है। आपके बेटे की आँखों में वही चमक और वही उत्साह पैदा करने के लिए, जो एक नौजवान के अंदर होना चाहिए, आप ये चौदह कदम अपने और उसकी भलाई के लिए अवश्य चलिए—

1. उसके मित्र बनिए।
2. उसे जीवन के अनुभवों को प्राप्त करने दीजिए।

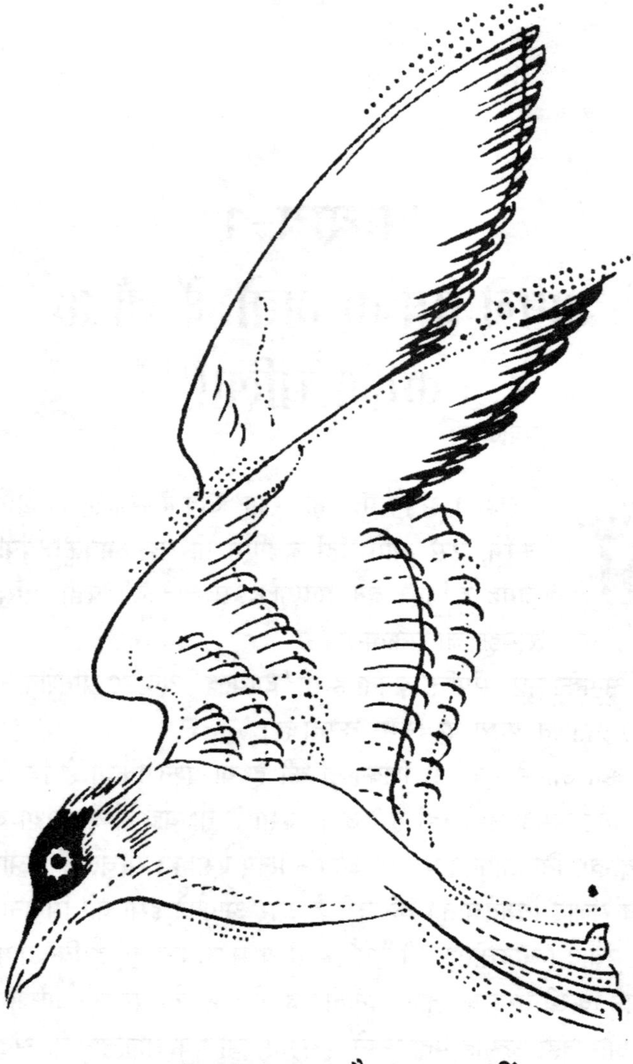

सफलता एक यात्रा है, लक्ष्य नहीं।

सही वेग से जाने की अपेक्षा यह सुनिश्चित कर लें कि आप सही मार्ग पर सही दिशा में जा रहे हैं?

3. उसे बाहर भेजिए।
4. उसे नायक बनाइए।
5. अच्छी पुस्तकें पढ़ने के लिए उत्साहित करें।
6. अच्छे मित्र बनाएँ।
7. उसकी गलतियों को माफ कीजिए।
8. उसे अपना भरपूर समय दीजिए।
9. दूसरों के सामने उसकी आलोचना न करें।
10. उसे जिम्मेदार बनाने के लिए शिक्षित करें।
11. उसे हार को अपनाने और जीत की खुशी मनाने के लिए शिक्षित करें।
12. उसे ज्यादा संरक्षण न दें।
13. उसकी तुलना न करें।
14. स्वयं को उसके स्थान पर रखकर देखिए।

याद रखिए, अपने बेटे को सब ओर से अच्छा बनाने के लिए माता-पिता दोनों का ही योगदान होता है।

अपने बच्चों के मित्र बनें—आप केवल अभिभावक न बनें, मित्र भी बनें। जब भी उन्हें मदद की जरूरत हो, उनका हाथ पकड़िए, परंतु जब भी जरूरत हो, उन्हें सही दिशा भी दिखाइए।

पहला कदम
उसके मित्र बनिए

उसके अंदर के संदेह और डर को निकालने के लिए उसे प्रत्यक्ष या अप्रत्यक्ष रूप से विश्वास दिलाइए कि किसी परेशानी या संदेह को दूर करने के लिए आप हमेशा उसके साथ होंगे। आप उसके बेवजह संदेहों और अनर्गल (मूर्खतापूर्ण) विचारों पर नहीं हँसेंगे और आप उसका हर तरह का डर दूर कर सकते हैं। उसको कहिए कि वह जब भी चाहे, बेझिझक आपके पास आ सकता है। यदि वह कोई भी गलती करता है तो आप स्वयं को उसके स्थान पर रखकर ही उस पर निर्णय लेंगे और उसी के अनुसार उसे सलाह देंगे। उसे यह भी समझाइए कि हर परिस्थिति में वह आपका बेटा ही रहेगा, जीवन में चाहे कुछ भी हो (चाहे वह चपरासी हो जाए या राष्ट्रपति, बिलकुल गरीब हो जाए या बहुत धनवान)। आज के जटिल सामाजिक माहौल में उसके अंदर आपके प्रति इस प्रकार का विश्वास होना अत्यंत आवश्यक है।

ऐसे क्षेत्र, जहाँ आप पहले नहीं पहुँच पाए,
उन्हें प्राप्त करने से साहस मिलता है।
अपनी क्षमताओं की परीक्षा होती है,
अपनी सीमाएँ समाप्त होती हैं।

दूसरा कदम
उसे जीवन के अनुभवों को प्राप्त करने दीजिए

अपने बेटे को जीवन की सभी परिस्थितियों से सामना कराएँ। उसे अपने दोस्तों के साथ घूमने जाने दें। वह तैराकी सीखे, पहाड़ पर चढ़े, नदी में नाव चलाना सीखे, एन.सी.सी. में शामिल हो तथा अपने स्कूल व कॉलेज के साथ कोई सामाजिक कार्य करे। उसे संगीत, कला, पाककला या कारपेंटरी, जो भी पसंद हो, सीखने दें। मछली पकड़ने जैसी प्रक्रिया अपनाएँ, यानी प्रतिदिन उसके अंदर से कुछ नया निकालने की कोशिश करें तथा अपना धैर्य न खोएँ।

मैं एक ऐसे सफल पिता को जानता हूँ, जिसने बारह वर्षीय बच्चों को चेक बुक दे दी और उनके बैंक खाते में पैसे भी डाल दिए, जिससे कि वे रोजाना किए जानेवाले, जैसे डॉक्टर की फीस, शिक्षा, पुस्तकें, कपड़े इत्यादि पर खर्च कर सकें। पंद्रह वर्षों के बाद उनके बच्चे अपने दूसरे प्रतिद्वंद्वियों से पैसे को बेहतर सँभाल सकते थे, क्योंकि दूसरों को ऐसा मौका नहीं मिला था।

भगवान् ने दुनिया का सबसे बड़ा कंप्यूटर दिमाग में फिट किया हुआ है, जिस पर 90 मी. × 90 मी. की स्क्रीन और उसके ऊपर लाखों हुक लगे हुए हैं। यह 'थ्री इन वन' प्रणाली आपके हर उस विचार पर, जो आप उसे बताते हैं, समझने में उसकी मदद करती है और वह प्रत्येक पहलू पर अच्छी तरह गौर कर सकता है। कृपया उसे मौका दीजिए और यह मौका उसे सिर्फ आप ही दे सकते हैं।

अपने पुत्र को बाहर भेजें, हमेशा के लिए उसके साथ चिपके न रहें। आपका पुत्र एक किताब की तरह है। यदि किताब आपकी आँखों के बिलकुल नजदीक हो, ज्यादा दूर हो या बहुत अधिक दूर हो तो आप इसे पढ़ नहीं सकते। यही बात पुत्र पर भी लागू होती है।

तीसरा कदम

उसे बाहर भेजिए

आप जो भी व्यवसाय करते हैं, अगर आपका पुत्र उसे नहीं अपनाना चाहता तो उससे इसके लिए जबरदस्ती न करें।

कई अभिभावक अपने पुत्रों पर जिम्मेदारियाँ बहुत देर से डालते हैं और तब तक बहुत देर हो चुकी होती है। अपने पुत्र को अपने साथ बाँधकर मत रखिए। उसे तीन माह के लिए बाहर जाने दें। उसे तरह-तरह के कार्य सीखने और देखने का मौका दें—दवाइयाँ, प्रकाशन, कैटरिंग, यांत्रिकी, वकालत, कृषि या अन्य कोई व्यवसाय। तब उसे यह फैसला करने दें कि वह जीवन में क्या करना चाहता है।

'रामायण' में राजा दशरथ ने भी अपने चारों पुत्रों को गुरुकुल भेजा था। उनके लिए यह मुश्किल था, पर उन्हें पता था कि उन्हें यह करना है।

जब आपका बेटा दूसरे या तीसरे स्थान पर है,
तो उसे बहुत मेहनत करनी पड़ेगी,
लेकिन यदि वह पहले स्थान पर है तो
उसे और अधिक मेहनत करनी होगी।

चौथा कदम
उसे 'नायक' बनाएँ

प्रायः उसे नायक बनाएँ, चाहे उसकी पढ़ाई, खेल या दिन-प्रतिदिन के कार्य हों। उसे एक अच्छा मेजबान बनाने के लिए प्रेरित करें। कभी-कभी उसे अपने मित्रों के साथ भी घूमने भेजें। उसे सुझाव दें कि वह अपने स्तर के विश्वसनीय मित्र बनाए।

यह भी देखते रहें कि आपका पुत्र पारिवारिक उत्सवों व शोक-सभाओं में आपका प्रतिनिधित्व करे। उसे इस तरह के क्रिया-कलापों में भाग लेने के लिए हमेशा प्रेरित करते रहें। उसके अंदर के छुपे भय को निकाल दें और उसके 'आस-पास' रहने के लिए वक्त निकालें। दूर से ही उस पर नजर रखें और उसे अपने ढंग से अपना विकास करने दें। आपका पुत्र किसी भी काम को करने में अक्षम नहीं होगा। क्या आपने किसी दस वर्ष के बच्चे को व्यस्त सड़कों पर ताँगा चलाते देखा है? याद रखें, अकबर तेरह वर्ष की उम्र में ही भारत का सम्राट् बन गया था।

आपका बेटा बिना तराशे हुए एक हीरे के समान है। धैर्य, कुशलता और स्थिरता से उसके असमान किनारों को काटें। धैर्य से, क्योंकि यह महत्त्वपूर्ण नहीं है कि वह कहाँ है बल्कि यह महत्त्वपूर्ण है कि वह किस दिशा में आगे बढ़ रहा है।

याद रखें कि आप अपने बेटे को 'हीरो' या 'जीरो' बना सकते हैं।

अपने पुत्र को पुस्तकें पढ़ने के लिए प्रेरित करें।

पाँचवाँ कदम
अच्छी पुस्तकें पढ़ने के लिए उत्साहित करें

जब आपका पुत्र छोटा हो तो उसे पुस्तकें पढ़कर सुनाएँ। आपको यह जानकर आश्चर्य होगा कि वह कितनी जल्दी सबकुछ समझ लेता है। जल्दी ही वह खुद भी पढ़ने लग जाएगा। उसे अच्छी व दिलचस्प पुस्तकें लाकर दें। उससे उन पुस्तकों के बारे में बात करें जो वह पढ़ रहा है। पुस्तकें, जो वह और आप पढ़ते हैं, उससे उनके गुणों व अवगुणों पर वाद-विवाद करें।

पुस्तकें पढ़ना एक अच्छी आदत है, जो हमेशा ही जीवन में काम आती है। उस आदत को अपने पुत्र में बचपन से ही विकसित कीजिए।

छठा कदम

अच्छे मित्र बनाएँ

उसकी भलाई के लिए अच्छे दोस्त बनाएँ। आपका पुत्र आपको नजदीक से, चेतन और अवचेतन मन से देखता है। वह आपके प्रत्येक मित्र के बारे में अपनी राय बना लेगा। उदाहरणतः मेरे पुत्र ने मेरे दोस्त को नजदीक से समझा और उनसे शालीनता, रसिकता, मेहनत की कद्र और सदा हँसते रहने जैसी बातें सीखीं।

याद रखें कि आप रिश्तेदारों का चयन नहीं कर सकते, लेकिन दोस्त अवश्य चुनकर बना सकते हैं। आपको सैकड़ों दोस्तों की आवश्यकता नहीं है। एक दर्जन से कम, लेकिन अच्छे दोस्त आपके सहायक हो सकते हैं।

अपने पुत्र को अपने अलग-अलग तरह के दोस्तों से मिलवाइए और उनसे वह क्या सीखना चाहता है और क्या छोड़ना, यह उसकी अपनी निर्णय क्षमता पर छोड़ दीजिए। आखिर उसके दिमाग में भी एक बहुत बड़ा स्पंज का टुकड़ा है, जो नए अनुभवों को सोखने को आतुर है।

बेटे, यह सबकुछ किसी
दिन तुम्हारा होगा,
बशर्ते मैं इसे विरासत
में पा सका तो।

सातवाँ कदम
उसकी गलतियों को क्षमा कर दें

गलतियाँ सबसे अच्छी शिक्षक होती हैं। अपने पुत्र को शिक्षा प्राप्त कर लेने के तत्काल बाद अपने व्यवसाय को न अपनाने दें। ग्रेजुएशन के बाद उसे कुछ धन दें। उसे अपने आप कुछ शुरू करने दें। अगर उसे सफलता मिलती है तो वह 'हीरो' बन ही जाएगा, यदि नहीं तो उसे स्वयं पता चल जाएगा कि उसने कहाँ गलती की थी और भविष्य में वह उस गलती को नहीं दोहराएगा।

एक सफल पारिवारिक व्यवसाय सही उत्तराधिकारी द्वारा पीढ़ियों तक चलता है। अधिकांश पिता अपने बेटों को अपने व्यवसाय के काम में लगा देते हैं और पुत्र को पता ही नहीं चलता कि व्यवसाय में उसका सहयोग क्या है?

उसमें हीन भावनाएँ उत्पन्न हो जाती हैं और अपने आपको प्रदर्शित करने के लिए वह चमकीले कपड़े पहनता है तथा महँगी आदतें विकसित कर लेता है। वह अंदर से एक पुरुष की भाँति अनुभव नहीं करता।

सोचिए, आप उसको और जिम्मेदारी दे सकते हैं। उसके विभाग में हस्तक्षेप न करें और उसे अपनी गलतियों से सीखने दें, बल्कि यह कहें, "मेरे प्यारे पुत्र, सफल व्यक्ति बनने के लिए तुम्हें याद रखना चाहिए कि हमेशा चेयरमैन के साथ गोल्फ खेलते हुए तुम्हें कैसे हारना है!"

आपको सेवा करने के लिए किसी कॉलेज की डिग्री लेने की आवश्यकता नहीं है। आपको प्लेटो या अरस्तु बनने की भी आवश्यकता नहीं है। यह भी जरूरी नहीं है कि आपको आइंस्टीन का रिलेटिविटी का सिद्धांत आता हो। आपके पास केवल दयालुता से भरा हृदय व प्यार से भरी आत्मा होना आवश्यक है।

—मार्टिन लूथर किंग

आठवाँ कदम
उसके लिए समय निकालें

उसके साथ अपना समय व्यतीत कीजिए। उसके साथ खेलें, उसके लिए कुछ पढ़ें, उसके गृहकार्य में मदद करें, उससे उसके मित्रों के बारे में पूछें। उसकी ज्यादा सुनें तथा अपनी कम कहें। उसे अपने सामने अपना हृदय खोलने दें।

उसे यह अहसास कराएँ कि आप उसे केवल प्यार ही नहीं करते अपितु उसका ध्यान भी रखते हैं। आप यह सब अकेले ही महसूस न करें, बल्कि अपने पुत्र के साथ करें।

क्या आपने वह टी.वी. सीरियल देखा था, जिसमें पिता अपने पुत्र को टी.वी., वी.सी.आर. जैसी प्रत्येक वस्तु तो उपलब्ध करा देता है, लेकिन उसे अपना समय नहीं दे पाता। पिता पैसा बनाने में व्यस्त था और सोचता था कि वह अपने परिवार के लिए ही यह सबकुछ कर रहा है। माताएँ भी अपने दोस्तों व किटी पार्टियों में बहुत अधिक व्यस्त रहती हैं। वे सोचती हैं कि वे बहुत अच्छे सामाजिक संबंध बना रही हैं। अतः आप अपने व्यस्त दैनिक कार्यों में से अपने पुत्र के लिए समय निकालिए।

जब भी पिता अपने बच्चों के लिए कोई त्याग करता है तो पुत्र इसे देखता और समझता है, जो कभी नहीं भूल सकता। अंततः यही निष्कर्ष निकाला जा सकता है कि जो पिता अपने पुत्रों के लिए जितना अधिक खून बहाते हैं, वे उतनी ही अधिक अपने पुत्रों से संतुष्टि प्राप्त करते हैं। अपने पुत्र के लिए वास्तव में 'खून' बहाना सीखें।

शैतान लड़के, वार्षिक परीक्षा में
केवल पचासी प्रतिशत अंक!
इतने कम अंकों से तुम
कभी भी 'हार्वर्ड'
में प्रवेश के
योग्य नहीं
बन सकते हो!
परीक्षा
परिणाम

नौवाँ कदम

दूसरों के सामने उसकी आलोचना न करें

अपने पुत्र की आलोचना न करें, दूसरों के सामने तो कभी भी नहीं। उसपर चिल्लाने से, उसको मारने से वह अपने आपको छोटा, व्याकुल व लज्जित महसूस करता है तथा और भी ज्यादा जिद्दी हो जाता है।

उससे शांतिपूर्वक कारण पूछिए। अगर आप गुस्से में हैं तो कमरे से बाहर चले जाएँ। उसे अपनी जटिलताओं को सुलझाने के लिए समय दीजिए।

उससे असंभव कार्यों की अपेक्षा न करें। उससे भी अधिक उसपर अपनी अवास्तविक आकांक्षाओं का बोझ न लादें। आपके पुत्र को आलोचना से अधिक उदाहरण की जरूरत होती है।

पिताजी, मैं अपना जेब खर्च, जो मुझे रुपयों में मिलता है, उसके लिए चिंतित नहीं हूँ। परंतु मैं चाहता हूँ कि मुझे अपना वेतन अमेरिकी डॉलरों में, डिविडेंड स्विस फ्रेंक में तथा अन्य भत्ते जापानी येन में मिलें।

दसवाँ कदम
उसे जिम्मेदार होने के लिए शिक्षित करें

अपने पुत्र को एक जिम्मेदार व्यक्ति बनाना सिखाइए। बचपन से ही उसे घर के छोटे-छोटे कार्य करने के लिए दीजिए।

उसे अपनी पुस्तकें और खिलौने सही स्थान पर रखने के लिए प्रेरित करें। जब भी वह कोई कार्य कर रहा हो, उसके समाप्त होने के बाद अपनी सारी चीजें सँभालें। किसी दूसरे के करने के लिए कुछ न छोड़ें।

उसे कोई भी कार्य, चाहे वह छोटा हो या बड़ा, करने में शर्म महसूस न हो, ऐसा करने के लिए प्रेरित करें।

अपने पुत्र को उसकी शक्ति से परिचित कराएँ, अन्यथा वह शक्तिहीन हो जाएगा। उसे प्यार अथवा अनुशासन दोनों की ही शिक्षा दें। जो अभिभावक अपने पुत्र को अपने कर्तव्य-पालन की शिक्षा नहीं देते, वे उतने ही अपराधी हैं जितने कि पुत्र, जो अपने माता-पिता की उपेक्षा करते हैं।

जन्म से लेकर आठ वर्ष की आयु तक आपके पुत्र में ये चार गुण आ जाने चाहिए—

1. प्यार,
2. अनुशासन,
3. आदर और विनम्रता,

अपने पुत्र द्वारा प्यार व आदर मिलने से उसकी
माँ अपने आपको महान् समझती है।

4. उपकार।

अगर अभिभावक अपने पुत्र को पहले सौ महीने में यह सब सिखा देते हैं तो भविष्य में वे अपने पुत्र से इससे कहीं अधिक की आशा कर सकते हैं।

दूसरे सौ महीनों में आपके पुत्र को पैसे का मूल्य समझ जाना चाहिए। 'अर्थशास्त्र' का यह अध्याय आठ से सोलह वर्ष की आयु में समझने का सही समय है। इससे पहले इसका कोई मतलब नहीं होता तथा इस आयु के बाद इसकी जरूरत नहीं रह जाती।

हमें अपने पुत्र को उसकी आर्थिक जिम्मेदारियों के लिए शिक्षित करना चाहिए और अधिक महत्त्वपूर्ण यह है कि यह सब हम स्वयं के उदाहरण द्वारा करें।

याद रखें, आपके पुत्र के दिमाग में वीडियो कैसेट रिकॉर्डर लगा है, जिसमें वह आपकी न केवल आवाज, जब आप टेलीफोन पर झूठ बोलते हैं, बल्कि आपके हाव-भाव भी भर लेता है। आप जिस तरह भी अपने माता-पिता, साथियों, कर्मचारियों इत्यादि से व्यवहार करते हैं, वह यह सब रिकॉर्ड कर लेता है और कुछ वर्षों के पश्चात् इसे आपको चलाकर दिखाता है।

हमें एक सीमित निराशा को स्वीकार करना चाहिए तथा
असीमित आशा को कभी भी नहीं छोड़ना चाहिए।

—मार्टिन लूथर किंग

ग्यारहवाँ कदम

उसे हार को अपनाने व जीत की खुशी मनाने के लिए शिक्षित करें

उसे खेलों में भाग लेने के लिए प्रेरित करें। उसे एक कोच की तरह एक अच्छे खिलाड़ी के रूप में तैयार करें।

उसे एक विनम्र विजेता और हार में धैर्य धारण करनेवाला बनाएँ। उसे यह सिखाएँ कि जीतने की अपेक्षा भाग लेना अधिक महत्त्वपूर्ण है।

आपके द्वारा दी गई एक मुसकराहट, उसकी प्रशंसा, शाबाशी की एक थपकी उसके हारने या जीतने से अधिक महत्त्व रखती है।

बारहवाँ कदम

उसे अधिक संरक्षण न दें

उसे किसी कष्ट या पीड़ा के समय संरक्षण दें, किंतु बहुत अधिक भी संरक्षण न दें। ज्यादा संरक्षण से हो सकता है, आप उसकी कल्पना-दृष्टि को रोक रहे हों।

उसे स्वतंत्र होने दीजिए। उसे बाहर भेजें। उसे केवल एक माँ का बेटा न बनाएँ। आप अपने पुत्र को जीवन में प्रत्येक वस्तु देना चाहते हैं, किंतु कभी-कभी यह संभव नहीं हो सकता। जब भी जरूरत पड़े, उससे 'न' कहना सीखिए। याद रखें कि एक सीधा कहा गया 'नहीं' बहुत सारे तनावों से बचाता है।

आप अपने पुत्र को बदल नहीं सकते,
किंतु आप बढ़ने में मदद उसकी जरूर कर सकते हैं।

तेरहवाँ कदम
उसकी तुलना न करें

कुछ पुत्र छह वर्षों में, कुछ बीस वर्षों में तथा कुछ तीस वर्षों में सबकुछ सीख लेते हैं, आप व्याकुल न हों। उससे भी अधिक आप अपने पुत्र की दूसरों के साथ तुलना न करें।

तुलना करना एक घृणित कार्य है। इससे आपका पुत्र अपना संयम खो बैठता है।

पापा, आप हमेशा मेरे मित्र रहे हैं। आपने मेरे लिए झूला, साइकिल, स्कूटर और कार खरीद कर दी। अब मैं चाहता हूँ कि आप मेरे लिए जेट विमान खरीदें।

चौदहवाँ कदम
उसके जूतों में स्वयं को रखिए

स्वयं अपने आपको अपने बेटे के स्थान पर रखकर देखिए। कभी भी अपने पुत्र से कृतज्ञता की आशा न रखें और यदि वह आपके प्रति कृतज्ञता दिखाता है तो खुशी से हैरान हो जाएँ। आपका पुत्र सोचता है कि जो भी भौतिक वस्तुएँ उसे आपके द्वारा उपलब्ध होती हैं, वे उसका जन्मसिद्ध अधिकार हैं। अपने जन्म के साथ ही उसे इस तरह का विश्वास दिलाकर उसका 'ब्रेनवॉश' कर दिया गया है। आप अपने बेटे के लिए वही कर रहे हैं, जो आपके पिता ने आपके लिए किया था—यह अनंत समय से होता चला आ रहा है और शायद हमेशा ऐसा ही होता रहेगा।

यदि आपका बेटा 'होंडा एकॉर्ड' की माँग करता है तो उसकी इस माँग से परेशान न हों। यह मत सोचें कि जब आप इतने छोटे थे तो आप केवल इस बात से ही खुश हो गए थे कि आपके पिता ने आपको एक साइकिल खरीदकर दी थी। अब अपने आपको उसके स्थान पर रखें। वह यह सोचता है, अगर आप उसे यह समझाने में सफल नहीं हो पाते कि अब 'विक्रेता-बाजार' के अच्छे दिन लद चुके हैं तो वह कभी नहीं समझ पाएगा कि मारुति कार ही आपके परिवार के लिए बेहतर है। उदाहरण के लिए, मैंने अपने पिता से एक साइकिल की अपेक्षा की थी और वह मुझे मिली भी। मेरे पुत्र ने स्वाभाविक रूप से मुझसे एक राजदूत मोटर साइकिल की अपेक्षा की, लेकिन वह उसे नहीं मिली। मैंने उसे बताया कि कॉलेज में राजदूत एक

एक फ्रेम आपकी क्षमता को बड़ा कर सकता है या उसे सीमित कर सकता है। इन दोनों में से चुनाव करना आपका काम है।

अपने बेटे को आवश्यक पेंट और ब्रुश उपलब्ध करवाइए, लेकिन उसे अपने व्यक्तित्व के अनुसार खुद अपना कैनवास ढूँढ़ने दीजिए।

बेकार की ललचानेवाली चीज बन जाएगी तो क्या यह अच्छा नहीं होगा कि कॉलेज खत्म होने तक का इंतजार कर लिया जाए और फिर इससे बेहतर कोई गाड़ी ली जाए। वह इतना समझदार था कि उसने अपने 'वर्तमान' को अपने 'भविष्य' पर कुरबान करने का निर्णय ले लिया और आज उसका परिणाम यह है कि अब उसके पास अमेरिका में अपनी 'होंडा एकॉर्ड' है।

अपने पुत्र की स्थिति की तुलना पच्चीस वर्ष पहलेवाली अपनी स्थिति से मत कीजिए। अब वक्त बदल गया है। आप उस समय के सामाजिक वातावरण के अनुसार अपने पिता के प्रति श्रद्धाभाव रखते थे। आप बिना कोई प्रश्न किए उनकी प्रत्येक आज्ञा का तुरंत पालन करते थे।

याद रखें, आपका पुत्र आज के 'कम्युनिकेशन विस्फोट' के युग की पैदाइश है। आपका पुत्र सामाजिक मूल्यों के मामले में उस समय आपकी स्थिति से अधिक अनिश्चय की स्थिति में है। उसके साथ धैर्य से पेश आएँ। शायद आपके पचास वर्षों की तुलना में उसके पच्चीस वर्षों ने उसे अधिक ज्ञान दिया हो।

एक अच्छा अभिभावक बनने के लिए खुद को अपने बेटे की जगह रखकर देखना पड़ेगा। दूसरी बात, यह मानना पड़ेगा कि बच्चों की भावनाएँ व आवश्यकताएँ आपसे अलग हैं और उन जरूरतों को इस बात की आशा रखे बिना पूरी कीजिए कि आपको इसके बदले में कभी कुछ मिलेगा।

वह कई तरह के मूर्खतापूर्ण काम करता है। उन्हें अपने स्तर से मत परखिए। उसकी जगह खुद को रखकर उसके बारे में निर्णय करने से पहले नौ बार सोचिए। उसके दोस्तों, उसके सीनियर्स व जूनियर्स के साथ कुछ समय बिताइए। आप अपनी ओर से बेहतर करें, तभी आप उससे बेहतर आशाएँ रख सकते हैं।

सोचिए,
लिखिए,
टाइप कीजिए
बदलिए!
सोचिए
लिखिए...

अध्याय-2
पिताओं की ओर से पुत्रों को पत्र

आपको अपने पुत्र को पत्र लिखने में हो सकता है शुरू में परेशानी आए; परंतु आप साल में एक बार तो जरूर पत्र लिख सकते हैं। मुझ पर विश्वास करें, इससे बहुत मदद मिलेगी।

पुत्र को पत्र लिखना उसे अपने जीवन-मूल्यों से अवगत कराने का एक अच्छा तरीका है। जब आप लिखते हैं तब आपका मन अपने विचारों पर केंद्रित होता है और जो कुछ भी आप कहना चाहते हैं, वह कह सकने के योग्य होते हैं, न कि वह सब कहते हैं, जो आप नहीं कहना चाहते हैं।

आप पत्र लिखने के लिए कलम क्यों नहीं उठा लेते? जरूरी नहीं है कि आपका पत्र मौलिक हो। इसके लिए सही भाषा की भी जरूरत नहीं है। कोई भी भाषा चलेगी—अंग्रेजी, हिंदी या मराठी या कोई और। जो कुछ भी आप अपने पुत्र से कहना चाहते हैं, उसे कहीं से 'नकल' कर सकते हैं तथा आप 'विशेषज्ञों' द्वारा भी अपने पुत्र को पत्र लिखवा सकते हैं। उन सब चीजों के बारे में, जो कि आप कहना चाहते हैं, परंतु नहीं कह पाते, क्योंकि आपके पास सही शब्दों को प्रयोग करने की क्षमता नहीं है। यहाँ तक कि यदि आप तलवार का प्रयोग भी करना चाहते हैं तो उसे कलम के माध्यम से कहें। यह मत भूलिए कि बहुत से पिताओं ने अपने पुत्रों को केवल इसलिए 'खो' दिया, क्योंकि उन्होंने जो कुछ भी कहा, वह तब कहा जब वह गुस्से में थे।

जो कुछ भी आप कहना चाहते हैं, उसे कहें—एक लंबा आपसी

अपने विचारों पर ध्यान दें, वे आपके शब्द बनते हैं।

अपने शब्दों पर ध्यान दें, वे आपके कार्य बनते हैं।

अपने कार्यों पर ध्यान दें, वे आपकी आदतें बनते हैं।

अपनी आदतों पर ध्यान दें, वे आपका चरित्र बनती हैं।

अपने चरित्र पर ध्यान दें, यह आपका कर्म बनता है।

लाभदायक संबंध ऐसे ही पैदा होगा। जितना भी आप कहना चाहते हैं, कहें—ध्यान से सोचें, लिखें और दोबारा लिखें। इसे अपने मित्रों, जिनका आप सम्मान करते हों या अपनी पत्नी को दिखाएँ। अर्जुन की तरह, जब वह समझ नहीं पाता था कि क्या करे या क्या न करे तो अपने मित्र भगवान् कृष्ण के पास जाता था।

मैं यह नहीं कहता कि आप हर हफ्ते या हर महीने लिखें, यहाँ तक कि वर्ष में एक बार लिखना भी चलेगा। यह महत्त्वपूर्ण नहीं है कि आप क्या कहते हैं या कैसे कहते हैं। लेकिन खूब सोचने, बातचीत करने के बाद कहें। इसके बाद अपने पुत्र को जो कुछ लिखेंगे, उस पर आप खुद भी हैरान ही नहीं, चकित हो जाएँगे।

एक सलाह : आप जब भी ऐसा कोई पत्र पढ़ें, उसे संगृहीत कर लें। उसी समय कदम उठाएँ, बाद में करने के लिए प्रतीक्षा न करें। यहाँ पर कुछ पत्र दिए गए हैं, जो कि मैंने अपने पुत्र को भेजे थे।

उसे सिखाएं कि वह मानवता में हमेशा अटूट विश्वास रखे।

: 1 :

मेरे पुत्र को सिखाओ...

—अब्राहम लिंकन

अब्राहम लिंकन ने अपने पुत्र की अध्यापिका को एक पत्र लिखा। यह निश्चित रूप से श्रेष्ठ है।

- यहाँ लिंकन के पत्र का हिस्सा प्रस्तुत है—"...उसको सीखना ही होगा। मैं जानता हूँ, सभी लोग ठीक नहीं होते, सभी लोग सच्चे नहीं होते। परंतु उसे यह सिखाओ कि हर बदमाश का भी कोई-न-कोई 'नायक' होता है, प्रत्येक स्वार्थी राजनेता का आदर्श भी कोई-न-कोई समर्पित नेता होता है। उसे सिखाओ कि हर शत्रु के लिए एक मित्र है। उसे सिखाओ, मैं जानता हूँ कि इसमें समय लगेगा कि कमाया गया एक डॉलर यूँ ही मिल गए पाँच डॉलरों से ज्यादा कीमती है। उसको सिखाओ कि हारना सीखे और जीत का आनंद उठाए। उसे ईर्ष्या से दूर ले जाओ और उसे खामोश हँसी का रहस्य समझाओ। अगर तुम पढ़ा सकते हो तो उसे पुस्तकों में दर्ज दुनिया के आश्चर्य पढ़ाओ, और उसे आकाश के पक्षियों के भीतरी रहस्यों पर विचार करने के लिए धूप में मक्खियों तथा हरी नन्ही-नन्ही पहाड़ियों पर फूलों के बारे में सोचने के लिए भी कुछ समय अवश्य दो।
- स्कूल में उसे यह सिखाओ कि असफल होना धोखा देने से ज्यादा अच्छा है। उसे अपने विचारों पर विश्वास करना सिखाओ, चाहे

अपने पुत्र को जीवन के मूल्य सिखाइए।

सभी कहें कि वे गलत हैं। उसे विनम्र लोगों के साथ विनम्र तथा कठोर लोगों के साथ कठोर बनना सिखाओ। मेरे पुत्र को इतनी शक्ति दो कि वह कोशिश करे कि वह उस भीड़ का अनुसरण न करे, जिसमें हर व्यक्ति एक-दूसरे की नकल ही कर रहा हो। उसे सिखाओ कि वह सभी लोगों की बातें सुने, लेकिन साथ ही उसे यह भी सिखाओ कि वह जो कुछ सुने, उसे सच्चाई की छलनी में छान ले और उसमें से जो अच्छा निकले, सिर्फ उसे ही ग्रहण करे।

❖ उसे सिखाओ कि जब वह उदास होता है तो कैसे हँसे। उसे सिखाओ कि आँसुओं से कोई शर्म महसूस न करे। उसे पढ़ाओ कि सनकियों को दूर रखे और बहुत अधिक मधुरता से सावधान रहे। उसे सिखाओ कि वह अपना दिमाग और बाहुबल सबसे अधिक कीमत देनेवाले को बेचे, परंतु अपने हृदय और आत्मा पर कभी कीमत की मुहर न लगाए। उसे सिखाओ कि गुर्रानेवाली भीड़ में अपने कान बंद कर ले और अगर वह सोचता है कि वह ठीक है तो तनकर खड़ा हो जाए और लड़े।

❖ उसमें अधीर होने का साहस आने दें। उसमें बहादुर होने का धैर्य आने दें। उसे सिखाओ कि वह हमेशा मानवता में अटूट विश्वास रखे।

❖ यह एक बड़ा आदेश है, लेकिन देखो कि तुम क्या कर सकते हो।

: 2 :

पिता भूल जाता है

—डब्ल्यू. लिविंगस्टोन लार्नेड

लार्नेड ने अपने पुत्र को एक ऐसा 'अमर' पत्र लिखा कि उसकी लाखों प्रतियाँ प्रकाशित हुईं। यहाँ वह आपके लिए प्रस्तुत है—

❖ सुनो बेटे—मैं यह कह रहा हूँ, इसलिए कि तुम सो रहे हो। एक छोटी सी हथेली तुम्हारे गालों पर, सुनहरे घुँघराले बाल तुम्हारे माथे पर चिपके हुए हैं। मैं तुम्हारे कमरे में अकेला घुस आया हूँ। कुछ समय पहले मैं अपनी लाइब्रेरी में बैठा अपना पेपर पढ़ रहा था कि एकदम घोंटनेवाली बेदर्दी की लहर मेरे ऊपर छा गई। गुनहगार की तरह मैं तुम्हारे बिस्तर के पास आ गया।

❖ ये कुछ बातें हैं जिनके बारे में मैं सोच रहा था, बेटे, मेरा तुमसे विरोध रहता था। मैंने तुम्हें झिड़क दिया, जब तुम स्कूल के लिए तैयार हो रहे थे, क्योंकि तुमने तौलिए से अपने मुँह पर सिर्फ एक थपकी सी लगाई थी। जब तुमने अपने जूते साफ नहीं किए तो मैंने तुम्हें डाँट दिया। मैंने तुम्हें गुस्से से डाँटा, जब तुमने अपनी कुछ चीजें फर्श पर फेंक दी थीं।

❖ नाश्ते के समय भी मैंने गलती ढूँढ़ी। तुमने चीजें खराब कीं। तुम अपना भोज़न निगल गए। तुमने अपनी कुहनियाँ मेज पर टिका दीं। तुमने अपनी डबलरोटी पर बहुत ज्यादा मक्खन लगा लिया और जैसे

ही तुम खेलने लगे और मैं अपनी ट्रेन पकड़ने के लिए चला तो तुमने मुड़कर और हाथ हिलाकर कहा, 'गुड बॉय डैडी' और मैं झल्लाकर बोला, 'अपने कंधे पीछे करो।'

❖ दोपहर बाद यह सब फिर शुरू हो गया। जैसे ही मैं सड़क पर आया और तुम्हें घुटनों के बल बैठकर कंचे खेलते देखा तो मैंने तुम्हें घूरा। तुम्हारी जुराबों में कुछ छेद थे। मैंने तुम्हारे दोस्तों के सामने तुम्हारी बेइज्जती की और तुम्हें अपने आगे-आगे चलाकर घर ले आया। जुराबें महँगी थीं और अगर तुमने वे खुद खरीदी होतीं तो शायद तुम और भी ज्यादा उनका ध्यान रखते। बेटे, इस बात की पिता की ओर से कल्पना करो।

❖ क्या तुम्हें याद है, बाद में जब मैं लाइब्रेरी में पढ़ रहा था, तब तुम कैसे शरमाते हुए आए और तुम्हारी आँखों में आहत होने की झलक थी। जब मैंने अपने काम में व्यवधान पर आधारित होते हुए पेपर से नजर उठाकर देखा तो तुम दरवाजे पर ही सकुचाए। 'तुम्हें क्या चाहिए?' मैं झल्लाया।

❖ तुमने कहा, कुछ नहीं, पर अंदर की ओर तूफान की तरह दौड़ते हुए आए और अपनी बाँहें मेरी गरदन के चारों ओर डालकर मुझे चूमा। तुम्हारी छोटी सी बाँहों ने मुझे उस प्यार रूपी फूल में जकड़ लिया, जो कि भगवान् ने तुम्हारे दिल में खिला रखा था, जो उपेक्षित हो गया था। मगर अब भी मुरझाया नहीं था और तब तक तुम सीढ़ियों पर थप-थप करते हुए जा चुके थे।

❖ हाँ, बेटे! उसके थोड़ी ही देर बाद मुझ पर उदासी छा गई। मेरा पेपर मेरे हाथ से गिर गया और एक भयानक कमजोरी सी महसूस हुई कि मेरे अंदर की आदत मेरे लिए क्या करती रही है? गलतियाँ ढूँढ़कर डाँटते रहने की आदत। यह मेरा इनाम था तुमको मेरे पुत्र होने के लिए। ऐसा नहीं था कि मैं तुम्हें प्यार नहीं करता था। ऐसा इसलिए था कि मैं तुम्हें अपनी उम्र की कसौटी पर नाप रहा था।

❖ और तुम्हारे चरित्र में बहुत कुछ अच्छा, साफ और सच्चा था। तुम्हारा छोटा सा दिल इतना विशाल था जितनी कि बड़ी पहाड़ी पर फैली

ठॉय!
ठॉय

सुबह की धूप। यह तुम्हारी अपने आप उत्पन्न होनेवाली प्रेरणा से पता चलता है कि तुम दौड़ते हुए आए, प्यार किया और 'शुभ रात्रि' कहा। आज की रात इसके अलावा कुछ भी महत्त्व नहीं रखती। बेटे, मैं रात के अँधेरे में तुम्हारे बिस्तर के पास आया हूँ और मैं यहाँ शर्म से झुक गया हूँ।

- यह कमजोर प्रायश्चित्त है। मैं जानता हूँ कि अगर मैं तुम्हें तुम्हारे जागने पर यह समझाऊँगा तो तुम यह सब अभी नहीं समझ पाओगे। पर कल मैं वास्तविक पिता होऊँगा और जब हँसोगे तो मैं हँसूँगा। मैं अपनी जुबान काट लूँगा, तब उससे अधूरे शब्द निकलेंगे। मैं किसी धार्मिक व्यक्ति की तरह कहता रहूँगा, "वह एक बालक है, एक छोटा बालक!"
- मैं डरता हूँ, मैंने तुम्हारी कल्पना एक आदमी की तरह की है। जब मैं तुम्हें अपने बिस्तर पर थका और फैला हुआ देखता हूँ तो लगता है। तुम अब भी बच्चे हो। कल तक तुम अपनी माँ की बाँहों में थे, तुम्हारा सिर उसके कंधे पर था। मैंने तुमसे बहुत अधिक अपेक्षाएँ की थीं।

हे ईश्वर, मुझे एक ऐसा बेटा बनाकर दो।

: 3 :

मुझे एक ऐसा बेटा बनाकर दो

—जनरल डगलस मैकऑर्थर

जनरल डगलस मैकऑर्थर के कमरे में निम्नलिखित सूक्तियाँ लिखी हुई थीं—

- हे ईश्वर! मुझे एक ऐसा बेटा दो, जो इतना शक्तिशाली हो कि जिस समय वह डरा हुआ हो, अपना सामना कर सके, सच्ची पराजय में भी स्वाभिमानी बना रहे और झुके नहीं तथा जीत के समय विनम्र तथा भला बना रहे।
- हे ईश्वर! उसे आराम और सुविधाजनक रास्ते पर मत ले जाना, बल्कि कठिनाइयों और चुनौतियों के दबाव के रास्ते पर रखना।
- उसे तूफानों का मुकाबला करना सिखाना और जो विफल हो जाते हैं, उनके प्रति दया करना सिखाना।
- मुझे एक ऐसा बेटा दो, जिसका हृदय साफ हो, जिसका ध्येय ऊँचा हो—जो कि आगे तक पहुँच सके, परंतु अपना अतीत कभी न भूले।
- उसको नम्रता दो, ताकि वह हमेशा वास्तविक महानता की सरलता को याद रख सके। वास्तविक बुद्धिमत्ता के लिए दिमाग खुला रख सके और सच्ची ताकत की विनम्रता अपना सके।
- तभी मैं (उसका पिता) यह कहने की हिम्मत कर सकूँगा कि 'मेरा जीवन व्यर्थ नहीं गया।'

सभी व्यक्ति व्यवसाय शुरू करने पर अपने पीछे एक परंपरा छोड़ सकते हैं, जिसको आगे ले जाया जा सके।

: 4 :

'गाइड पोस्ट्स' (संकेत स्तंभ)

—जे. विल्लार्ड मेरियट

अब भी आप अपने आईने के सामने 'राजा दशरथ' की तरह सोचें और अपने 'राजकुमार' को ताज पहनाना चाहें, तब आप अपने बेटे को एक लिखित पत्र देना चाहेंगे, ताकि वह अपने व्यापार में उससे बेहतर कर सके, जो कि आपने किया है। मैं यहाँ जे. विल्लार्ड मेरियट (जो कि अमेरिका के मेरियट होटल शृंखला के संस्थापक थे) के द्वारा लिखा गया एक पत्र दे रहा हूँ, जो उन्होंने अपने पुत्र को अपने व्यापार का कार्यभार सौंपते समय लिखा। मैं सोचता हूँ कि विचार प्रत्येक जगह पर लागू होते हैं, जब भी आप सेवानिवृत्त होने की सोचें।

प्यारे बिल,

मुझे तुम पर बहुत गर्व है। वर्षों तुम्हारी पढ़ाई की तैयारी और काम ने अपना परिणाम दिखाया है। एक नेता को चरित्रवान् होना चाहिए, सभी क्षेत्रों में एक उदाहरण बनना चाहिए। यही उसका सबसे बड़ा प्रभाव है। इस मामले में तुम प्रशंसा के पात्र हो। मेरे बेटे के नाते तुमने कभी अपनी हैसियत का लाभ नहीं उठाया। तुम विनम्र रहे। तुमने यह साबित कर दिया कि तुम लोगों को सँभाल सकते हो और उनसे काम ले सकते हो। तुमने अपनी समझ

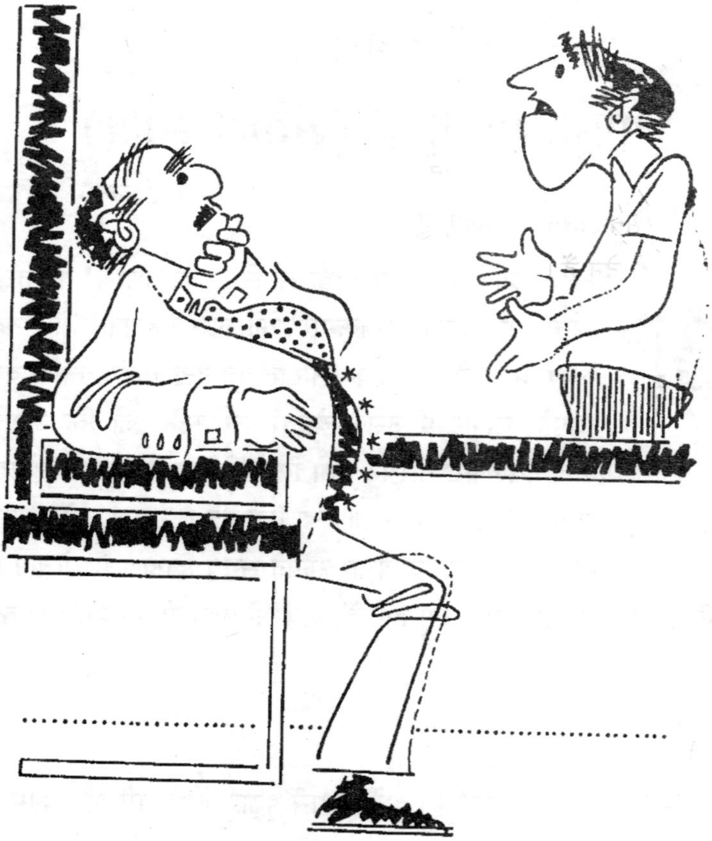

दूसरे पक्ष की बात भी सुनिए

—सेंट ऑगस्टाइन

से लाभ कमाया है। तुमने लोगों के अंदर और अधिक सहनशक्ति, समझ व प्रौढ़ता पैदा की है।

ऐसा बहुत कम होता है कि किसी पिता का एक ऐसा बेटा हो, जो कि उसके जूतों में पाँव रख सके और उन्हें अपनी योग्यता व गुणों के आधार पर पहन सके। एक ऐसा व्यापार, जिस पर लगभग तीस हजार लोगों का जीवन-निर्वाह निर्भर करता है, उसका संचालक मैनेजर होना एक डरा देनेवाली जिम्मेदारी है। परंतु मुझे पूरा विश्वास है कि तुम एक ऐसी टीम का निर्माण करोगे, जिससे इस व्यापार को और अधिक सफलता मिलेगी, जो कि बहुत से आश्चर्यजनक लोगों की मेहनत और लगन से शुरू हुआ था। नीचे मैंने तुम्हारा मार्गदर्शन करने के लिए कुछ बातें लिखी हैं, ये सभी मेरे अपने अनुभव की ही देन हैं।

प्यार एवं शुभकामनाओं के साथ,

तुम्हारा पिता

बिल के लिए 'गाइड पोस्ट्स' अलग-अलग पन्नों पर लिखी थीं। उनमें से पंद्रह निम्नलिखित थीं—

1. शारीरिक रूप से ठीक रहो, मानसिक तथा आत्मिक रूप से शक्तिशाली बनो।
2. अपनी आदतों का ध्यान रखो—बुरी आदतें तुम्हें बरबाद कर देंगी।
3. सभी कठिन समस्याओं के समाधान के लिए प्रार्थना करो।
4. व्यावसायिक प्रबंधन के नियमों को पढ़ो और उनका पालन करो। अपने संगठन के लिए उन्हें सचमुच ही तार्किक रूप से लागू करो।
5. लोगों का स्थान पहला है और उनके विकास, ईमानदारी, रुचि, टीम भावना आदि के लिए सभी क्षेत्रों में मैनेजर नियुक्त करो। यह तुम्हारी सबसे मुख्य जिम्मेदारी है।

जिंदगी जीने के लिए कोई अनुदेश पुस्तिका
नहीं आती, इसीलिए हम सबके पिता होते हैं।

6. **निर्णय :** लोगों को उन्नत करनेवाले निर्णय लो तथा उनके प्रति कड़ी जिम्मेदारी का निर्वाह करो।
7. **आलोचना :** लोगों की आलोचना मत करो, बल्कि केवल उनके सुपरवाइजर से उनकी योग्यता की प्रशंसा करो (या अन्य किसी को यह कहने के लिए कहो)। याद रखो, तुम किसी के बारे में जो कुछ भी कहते हो, वह उस तक पहुँच जाता है और ऐसा बहुधा होता है। ये कुछ भेद की बातें हैं।
8. लोगों की अच्छाइयों को देखो और उनसे उनके गुणों को बढ़ावा दो।
9. **अयोग्यता :** यदि इस पर काबू नहीं पाया जा सकता और यदि एक व्यक्ति काम करने के लिए स्पष्ट रूप से अयोग्य है तो या तो उसे वह काम बताओ, जो वह कर सकता है या उसे नौकरी से निकाल दो। इंतजार मत करो।
10. अपने समय की व्यवस्था करो—
    - (क) छोटी बातचीत—सिर्फ मूल विषय से संबंधित।
    - (ख) ध्यान रखें—काम का हर क्षण कीमती है।
    - (ग) कम घंटे काम करो—हम में से कुछ अपना आधा समय बरबाद कर देते हैं।
11. किसी को जिम्मेदारी सौंपो, पर नतीजों के लिए उसकी प्रतिबद्धता रखो।
12. विस्तृत विवरण—
    - (क) अपने कर्मचारियों को स्वयं अपना ध्यान रखने दो।
    - (ख) अपनी क्षमता को योजना बनाने, विचार करने, विभागों के प्रमुख के साथ काम करने तथा नए विचारों को बढ़ावा देने के लिए बचाकर रखो।
    - (ग) ऐसा कोई काम न करो, जो कोई और भी तुम्हारे लिए कर सकता हो।

क्या आप आइसक्रीम के
लिए क्रेडिट कार्ड
स्वीकार करते हैं।

13. विचार और प्रतियोगिता—
   (क) विचार व्यापार को जिंदा रखते हैं।
   (ख) जानकारी रखो कि तुम्हारे प्रतियोगी क्या कर रहे हैं और क्या योजनाएँ बना रहे हैं।
   (ग) प्रबंधकों को किसी भी विषय पर राय देने के लिए, जिससे कि व्यापार में और सुधार हो तथा बेहतर तरीके से सोचने के लिए उकसाओ।
   (घ) रिसर्च (शोध) और विकास पर समय व पैसा खर्च करो।
14. किसी भी कर्मचारी का काम स्वयं मत करो—उसको सलाह व सुझाव दो।
15. सही सोच रखो और हँसमुख स्वभाव बनाओ। व्यापार को अपने तथा दूसरों के लिए आनंद बना दो।

(साभार : रॉबर्ट ओ' ब्रायन की 'मेरियट' से)

अगर आप अपने मित्र से कुछ विशेष कार्य करवाना चाहते हैं, तो आप उसे यह महसूस करवाएँ कि आप उसे पसंद करते हैं।
कैसे हो?

अध्याय-3

विवाह में प्रसन्नता

कुछ पुत्रों को पत्नी चुनने में गलत निर्णय लेने के लिए जाना जाता है। पहले से चेतावनी दे देना पहले से ही शस्त्रों से लैस कर देना है। परिवार में लिया जाने वाला यह सबसे महत्त्वपूर्ण निर्णय होता है।

अपने जीवनसाथी को सावधानीपूर्वक चुनें। इस एक निर्णय पर आपके जीवन में 70 प्रतिशत खुशी या दुःख निर्भर है। लेकिन 'संपूर्ण' पत्नी भी वैवाहिक जीवन में प्रसन्नता की गारंटी नहीं होगी। प्रसन्नता जीवन के प्रति एक दृष्टिकोण है, जिसे सोचने, शुक्रिया अदा करने और मुसकराने के रूप में किया जा सकता है।

आखिर जीवन एक मूल्यवान् उपहार है, जो चुनौतियों व अवसरों से परिपूर्ण है और उन लोगों के लिए असीम खुशी देनेवाला है, जो जिंदगी का हर दिन एक खुले और खुशनुमा दिमाग से बिताते हैं।

शादी एक दो-तरफा गली है। यह एक ऐसी हिस्सेदारी है, जो पति और पत्नी दोनों के सकारात्मक दृष्टिकोण पर निर्भर करती है। याद रखें— लेनेवालों को सामान्यतः खुशी नहीं मिलती, देनेवाले ही इसे हासिल कर सकते हैं।

□□□